Dave & Jon Ferguson

Gott, wenn es dich gibt, dann zeig dich mir

Über die Autoren

Dave Ferguson ist Gründer und leitender Pastor der Community Christian Church in Chicago, einer missionarisch ausgerichteten Gemeinde mit mehreren Standorten, die zu den einflussreichsten Gemeinden Amerikas gehört. Dave ist außerdem der Visionär hinter NewThing, einem weltweiten Netzwerk von sich vermehrenden Gemeinden. Dave ist verheiratet mit Sue und die beiden haben drei Kinder.
Jon Ferguson ist ebenfalls Gründer der Community Christian Church, Lehrpastor für die Gemeindestandorte in Chicago und der Entwickler der NewThing-Bewegung. Er ist verheiratet mit Lisa und die beiden haben zwei Kinder. Dave und Jon haben gemeinsam drei Bücher über Gemeindeleitung geschrieben.

Dave & Jon Ferguson

GOTT, WENN ES DICH GIBT, DANN ZEIG DICH MIR

Ein Reisebegleiter zum Ziel deiner Sehnsucht

Aus dem Englischen von Elke Wiemer

GerthMedien

STIMMEN ZUM BUCH

Dave und Jon Ferguson haben mit „Gott, wenn es dich gibt" eine praktische Anleitung für uns alle geschrieben, um zu Gott zurückzukehren, ganz gleich ob wir distanziert, enttäuscht oder weit weg von ihm sind. Dieses zeitgemäß geschriebene Buch ist voller Geschichten, persönlicher Betrachtungen und inspirierender Gedanken, die den Weg, den wir gehen, und die Reise, die wir machen müssen, sowohl machbar als auch angenehm machen. Ich empfehle es wärmstens!
Brad Lomenick, Autor von „The Catalyst Leader" und „H3 Leadership"

„Gott, wenn es dich gibt" ist eines der hilfreichsten Bücher, das ich seit Langem gelesen habe. Es zeigt einen ganz praktischen und hoffnungsvollen Weg für alle, die eine enge Beziehung zu Gott suchen.
Louie Giglio, Pastor der Passion City Church und Gründer der Passion-Bewegung

Wir erleben ständig eine Kluft zwischen dem Punkt, an dem wir stehen, und dem, an dem wir sein möchten. Seit Jahren habe ich mir eine Anleitung gewünscht, um diese Kluft zu überwinden. Dieses

Buch ist die Antwort auf meine Sehnsucht. Es ist ein geistliches GPS, um herauszufinden, wo Sie stehen, und anschließend dorthin zu kommen, wo Sie sein möchten.

Es kann Ihnen immer und immer wieder helfen, den Weg zurück zu Gott zu finden. Es ist nicht nur für Menschen, die Gott zum ersten Mal suchen, sondern auch für jeden, der immer näher zu Gott kommen möchte.

Wenn man den Klassiker „Die Pilgerreise" nimmt, auf seine Hauptaussagen reduziert und dann Geschichten aus dem heutigen Leben hinzufügt, dann hat man dieses Buch. Ja, so gut ist es!

Josh Howard, Leiter des Leitertrainings der Central India Christian Mission und des NewThing Network

Dave Ferguson, das ist ein authentischer und bescheidener Mann, den Gott erstaunlich gebraucht. In den letzten 25 Jahren hat er unzählige Male miterlebt, wie Gott Menschen berührt, verändert und nach Hause bringt.

Das ist der Herzschlag dieses Buches. Als *Nebenprodukt* ist dabei eine dynamische Kirche entstanden, die weltweit über die *Exponential Bewegung* Hunderttausende berührt. Doch Dave geht es nicht um Zahlen, sondern um Menschen. Der Einzelne ist in seinem Fokus. Diesen Herzschlag verstehen und brauchen auch wir in Deutschland.

Lothar Krauss, Leitender Pastor der FCG Gifhorn, Vorstand Willow Creek Deutschland, Initiator der EXPONENTIAL Konferenzen 2016 in Deutschland

Es ist die große Leidenschaft von Dave und Jon Ferguson, Menschen zu helfen, zu Gott zurückzufinden. Wenn Sie jemanden kennen, der weit weg ist von Gott, oder Sie haben selbst das Gefühl, weit weg zu sein, dann ist dieses Buch genau das Richtige für Sie. Lassen Sie sich

auf die Herausforderung der 30 Tage ein und begeben Sie sich auf die Reise Ihres Lebens.
Larry Osborne, Autor und Pastor der North Coast Church

Die Empfehlungen weiterer begeisterter Leser dieses Buches finden Sie ab Seite 243

Dieses Buch ist den inspirierenden Menschen
der Community Christian Church gewidmet und ihrer nicht
enden wollenden Leidenschaft für hpftwbtG!
(helping people find their way back to God = Menschen helfen,
ihren Weg zu Gott zurückzufinden)

INHALT

EINLEITUNG: DIE REISE BEGINNT HIER

Sie können zu Gott zurückfinden.

Wir laden Sie zu einer Reise ein, einer Reise, die Ihr Leben weitreichend und bedeutend verändern könnte. Bei dieser Reise geht es – wie bei jeder Reise – darum, die Entfernung zwischen dem Ort, an dem Sie sich jetzt befinden, und dem, an den Sie gelangen möchten, zurückzulegen.

„Gott, wenn es dich gibt ...“ ist die Landkarte für jeden Reisenden auf diesem Weg. Irgendwann einmal im Leben fühlt sich jeder verloren – manchmal völlig verloren und auch richtig lange verloren. Ganz gleich mit welchen Worten die Menschen ihre Erfahrungen auf dieser Reise beschreiben, die meisten würden zustimmen, dass es letztlich auf eine ganz einfache, aber doch übermächtige Sehnsucht hinausläuft: *Wir suchen unseren Weg zurück nach Hause.*

Wir wollen eine persönliche Verbindung zu demjenigen spüren, der uns geschaffen hat, der uns so kennt, wie wir wirklich sind. Der uns vielleicht sogar helfen kann. Wir fühlen uns mächtig zu Gott hingezogen, auch wenn wir Mühe haben, dieses Gefühl in Worte zu fassen – oder ihn zu beschreiben.

Können Sie sich darin irgendwo wiederfinden?

Dieses Buch basiert auf einem Prinzip, das Sie vielleicht überraschen mag. *Nicht nur die Sehnsucht, Gott zu finden, haben alle Menschen gemeinsam, sondern auch das Schema, nach dem die Reise zu ihm verläuft, ist immer gleich:*

- die Kurven und Wegbiegungen, die dunklen Strecken, die Sie erwarten;
- die Meilensteine – in diesem Buch nennen wir sie die fünf Arten des Erwachens –, nach denen Sie Ausschau halten müssen;
- und wie Ihr Zuhause tatsächlich aussieht, damit Sie es erkennen, wenn Sie dort angelangt sind.

Die beste Beschreibung dieser Zurück-zu-Gott-Erfahrung ist eine Geschichte. Wir zeigen sie Ihnen. Es ist eine Geschichte, die Jesus erzählt hat, und sie handelt von einem jungen Mann, der loszog, um ein gutes Leben zu finden, und dann verloren und einsam endete. Sie müssen nicht viel über Jesus wissen, um die Weisheit dieser Geschichte auf Ihr Leben anzuwenden.

Und hier noch ein Prinzip: *Gottes Wunsch, gefunden zu werden, ist noch größer als Ihr Wunsch, ihn zu finden.*

Wenn Sie schon seit Jahren weit von Gott entfernt leben, werden Sie das wahrscheinlich nicht glauben. Nicht eine Minute.

Aber wir glauben es. Wegen unserer Erfahrungen, die wir mit Tausenden von Menschen gemacht haben, die wie Sie unterwegs waren, und noch mehr wegen der Geschichte, die Jesus erzählt hat, glauben wir, dass Gott gefunden werden will. Wir glauben sogar, dass er schon den ersten Schritt in Ihre Richtung macht, noch bevor Sie den ersten Schritt auf ihn zugehen.

Wir sind so sehr davon überzeugt, dass wir bereit sind, uns auf eine Wette einzulassen. Wir nennen es die 30-Tage-Wette. Sie gehen das Risiko ein, jeden Tag mit einem Gebet zu beginnen. Bitten Sie Gott, sich Ihnen zu zeigen. Und dann schauen Sie, ob er antwortet.

Trauen Sie sich?

1 WANN HABEN SIE GOTT VERGESSEN?

Nick ist ein großer, rauer, hart arbeitender Kerl, der in einem genauso rauen Viertel von Chicago aufgewachsen ist.

Ein paar Monate vor seiner Geburt hat sein Vater die Familie wegen einer anderen Frau verlassen, die ebenfalls einen kleinen Jungen hatte. Nick erzählte mir: „Ich erinnere mich daran, dass ich mit meiner Mutter und meinen beiden älteren Brüdern in einer hässlichen Wohnung voller Ungeziefer aufgewachsen bin. Derweil wohnten mein leiblicher Vater, seine neue Frau und sein Stiefsohn am anderen Ende der Stadt in einem hübschen Haus ohne Ungeziefer. Ich weiß noch, dass ich dachte: *Gott, wenn du so gut bist, warum lässt du dann zu, dass einem kleinen Jungen wie mir so etwas passiert?*"

Aus Nicks Fragen wurden Zweifel, seine Zweifel wurden zu Gleichgültigkeit, und aus seiner Gleichgültigkeit wurde Vergessen. Nick vergaß Gott und lebte weiter.

Einige Jahre später, als Lisa in Nicks Leben trat, brachte sie eine geistliche Neugier mit, die Nick schon lange verloren hatte. Sie war das Beste, was ihm je passiert war. Als Lisa selbst anfing, nach Gott zu suchen, beobachtete Nick, wie sie sich positiv veränderte. Sie wurde geduldiger, sorgte sich weniger und steckte offensichtlich voller Leben.

Nick wollte das auch und beschloss, Gott noch eine Chance zu geben. Ohne jemandem davon zu erzählen, fing er an, heimlich zu beten: „Gott, wenn es dich gibt, dann zeig dich mir."

Er betete dieses Gebet jeden Tag und sein Leben veränderte sich. Er spürte größeren inneren Frieden und Hoffnung und stellte fest, dass er Gespräche über Gott führte und Menschen traf, die an diesen Gott glaubten. Es geschahen Dinge, die er „Gott-Dinger" nannte. Und es schien, als beantworte Gott sein Gebet. Aber er wartete noch ab, um sicher zu gehen.

Nick war wie viele Menschen, die ihren Weg zurück zu Gott suchen.

Vielleicht ist er ein bisschen wie Sie.

Ein Gott, den man finden kann

Die Tatsache, dass Sie dieses Buch lesen, verrät mir, dass Sie an geistlichen Dingen interessiert sind. Sie fühlen sich vielleicht weit weg von Gott, wissen aber nicht, wie Sie diese Distanz überwinden können. Vielleicht strecken Sie sich zum ersten Mal nach Gott aus oder Sie haben das bereits öfter getan.

Ich – Dave – weiß wie das ist. Mein Bruder Jon auch. Wir waren beide unterwegs zurück zu Gott und sind es immer noch. Und wir schreiben auch dieses Buch gemeinsam (wenngleich wir der Einfachheit halber in der Ich-Form schreiben).

Ich persönlich habe Gottes Treue erlebt, als ich ihn gesucht habe, und zwar nicht nur einmal, sondern immer und immer wieder. Auch heute noch kann es passieren, dass ich Gottes Nähe suche. Und so funktioniert es: Ich stelle fest, dass ich mich weit von Gott entfernt habe. Dann schreie ich zu ihm wie ein kleines Kind, das sich verlaufen hat, und mein Vater im Himmel antwortet immer: „Hier bin ich."

Als ich in der Grundschule war und Angst hatte, sterben zu müssen, war er da.

Als ich als Teenager das Gefühl hatte, nie gut genug zu sein, war er da.

Als ich mich als junger Erwachsener von Zweifeln und Versagen unterkriegen ließ, war er da.

Wenn ich Entscheidungen traf, die meinen eigenen Werten widersprachen, war er da.

Wenn ich alleine war und Hilfe brauchte, war er da.

Wenn ich am liebsten aufgeben möchte, ist er da.

Natürlich gab es auch Zeiten, in denen ich nicht das Gefühl hatte, dass Gott bei mir war. Aber letzten Endes habe ich immer gemerkt, dass er doch da war. Die ganze Zeit.

Ich bin seit über zwanzig Jahren Pastor einer Gemeinde, und ich habe gesehen, wie Tausende von Menschen aus allen Gesellschaftsschichten den gleichen Weg beschritten haben, den ich gegangen bin und auf den ich auch Sie nun führen möchte. Diese Arbeit zu tun, war ein großes Vorrecht. Und es hat meine Überzeugung untermauert, dass Gott ein Gott ist, der gefunden werden will und der alle annimmt, die zu ihm zurückkehren.

In diesem Buch werde ich die Geschichten vieler solcher Menschen erzählen. Ich mache das nicht zu Ihrer Unterhaltung, sondern um Ihnen ein Bild davon zu vermitteln, wie es aussehen kann, zu Gott zurückzukehren. Die Geschichten derjenigen, die vor uns diese Reise unternommen haben, zeigen einen ausgetretenen Pfad über ein freies Feld. Jedes dieser Abenteuer ist ganz individuell, aber wir können uns doch daran orientieren, weil bereits andere vor uns diesen Weg gegangen sind.

Ich will damit nicht sagen, dass es immer einfach ist. Aber die Sache ist es absolut wert. Der Weg zurück zu Gott verspricht uns Freiheit, Gnade und Vergebung für alles, was in unserer Vergangenheit liegt. Wir können selbst an den dunkelsten Punkten unserer Geschichte einen Sinn im Leben und Erlösung finden.

Klingt das nicht verlockend? Wenn ja, dann möchte ich Sie eines fragen: Wie kam es, dass Sie Gott vergessen haben?

Geistlicher Gedächtnisschwund

Wenn ich Sie fragen würde: „Glauben Sie an Gott?“ und Sie könnten „Ja“ oder „Nein“ ankreuzen, würden Sie wahrscheinlich „Ja“ ankreuzen. Einer Umfrage des Gallup-Instituts zufolge würden 92 Prozent der Amerikaner „Ja“ ankreuzen.[1] In Deutschland sind es immerhin noch 58 Prozent (67 Prozent im Westen, 25 Prozent im Osten). Also glaubt die Mehrheit der Bevölkerung daran, dass es einen Gott gibt.

Das Problem dabei ist, dass wir ihn vergessen.

Vielleicht haben Sie schon einmal die Geschichte gehört, die der Autor Dan Millman von einem kleinen Mädchen namens Sachi und ihrer rührenden Bitte erzählt hat.

> *Schon bald nachdem ihr kleiner Bruder geboren war, fing Sachi an, ihre Eltern zu bitten, sie mit dem Baby alleine zu lassen. Sie hatten Angst, dass sie, wie die meisten vierjährigen Kinder, eifersüchtig sein könnte und ihn schlagen oder schütteln würde. Deshalb verweigerten sie die Bitte. Aber sie zeigte keinerlei Anzeichen von Eifersucht und behandelte das Baby freundlich – und ihre Bitten, mit dem Kleinen alleine sein zu dürfen, wurden immer dringlicher. Da beschlossen sie, es zu erlauben.*
>
> *Voller Freude ging sie in sein Kinderzimmer und machte die Tür zu. Aber sie stand noch einen Spalt offen – gerade weit genug, damit ihre neugierigen Eltern hindurchschauen und zuhören konnten.*

Sie sahen, wie die kleine Sachi leise zu ihrem Bruder ging, ihr Gesicht ganz nahe an seines hielt und leise fragte: „Kleines Baby, sag mir, wie Gott ist. Ich fange an, es zu vergessen."[2]

Bei vielen von uns gibt es einen bestimmten Punkt, auf den wir zurückschauen und von dem wir sagen können: „Da habe ich Gott vergessen." Andere würden wiederum sagen: „Da hatte ich das Gefühl, dass Gott mich vergessen hat."

Bei Ihnen liegt dieser Punkt vielleicht in Ihrer Kindheit, als Gott da sein sollte, aber es nicht war. Hinter verschlossenen Türen waren Sie schutzlos Dingen ausgeliefert, die kein Kind erleben sollte. Es schien, als sei Gott aus ihrem Leben ausgeschlossen gewesen und konnte nicht hereinkommen.

Oder vielleicht erinnern Sie sich an den Tag, als die Auseinandersetzung eskalierte. Ihr Vater schrie und Ihre Mutter weinte. Dann wurde die Tür zugeknallt und Ihr Vater war weg. Sie haben zwar nicht gesehen, wie Gott gegangen ist, aber als Kind hat es sich für Sie so angefühlt, als sei auch er gegangen.

Vielleicht haben Sie Gott in Ihrer Jugend vergessen. Als Sie sich so sehr danach gesehnt haben, angenommen und einbezogen zu werden, waren Sie ganz alleine und ausgeschlossen. Damals erschien es Ihnen logisch, dass Gott Sie nicht im Stich lassen würde, wenn es ihn denn wirklich gäbe.

Womöglich haben Sie aber auch einen Verlust oder Todesfall erlebt, den Gott hätte verhindern können. Aber aus Gründen, die Sie immer noch nicht verstehen, hat er es nicht getan.

Vielleicht fühlt es sich gerade jetzt so an, als hätte Gott Sie vergessen. Irgendetwas in Ihrem Leben ist gründlich schiefgegangen. Sie haben gebetet und gebetet und gebetet, aber nichts hat sich getan.

Oder Sie haben einen Fehler gemacht und wissen, dass Sie sich von Gott entfernt haben. Aber Sie wissen nicht, wie Sie diese Kluft überbrücken sollen.

Vielleicht haben Sie Einwände gegen bestimmte Lehren, verstandesmäßige Zweifel, auf die Sie keine Antwort finden, oder sind von religiösen Menschen abgeschreckt worden. Dies können Hindernisse auf dem Weg zu Gott sein, die Sie nicht überwinden können.

Sie sitzen so oft an diesem heiligen Ort und warten, erwarten etwas, beten hin und wieder, aber nichts tut sich. Sie kommen immer wieder zum Gottesdienst, aber Gott scheint nie da zu sein.

Aus welchem Grund auch immer Sie sich weit von Gott entfernt fühlen – es ist möglich, dass Sie sich auf den Weg zurück zu ihm machen.

Gott, wenn …

Kelly würde sagen, dass sie Gott aufgegeben hat, als sie fünfzehn war. Ihre Mutter drängte sie, in die Kirche zu gehen, zwang sie, sich konfirmieren zu lassen und zum ersten Mal zum Abendmahl zu gehen. Trotz der guten Absichten ihrer Mutter ergab all das für Kelly keinen Sinn. Als sie dann fünfzehn war, sagt sie, hätte sie genug von all dem gehabt.

Ich kenne Kelly, und ich glaube, dass sie Gott schon lange vor ihrem fünfzehnten Lebensjahr vergessen hat. Wenn Sie ihre Facebookseite besuchen könnten, würden Sie ihr Titelbild sehen, auf dem Kelly ihren zweijährigen Sohn im Arm hält, während sie auf einem Friedhof vor dem Grabstein ihres Vaters sitzt. Kellys Vater starb, als sie gerade mal vier Monate alt war.

Kelly erzählte mir: „Ich habe den Eindruck, dass ich irgendwie gar nicht an Gott glauben wollte. Mein Vater war gestorben, meinen Brüdern war ich egal, und mein Freund misshandelte mich. Es war schwer zu glauben, dass irgendwo da draußen tatsächlich ein guter Kerl wäre. Und da Gott ja ein ‚Vater' sein sollte, wollte ich ihn erst gar nicht in mein Leben lassen."

So fing sie an, Gott zu vergessen, und als sie fünfzehn war, sagte sie: „Gott ist ganz, ganz weit weg."

Als ich Kelly kennenlernte, hatte sie gerade ihren High School-Abschluss gemacht. Auf der Schule war sie Cheerleader gewesen, gehörte zu den Besten ihres Jahrgangs, hatte viele Freunde und eine vielversprechende Zukunft vor sich. Trotzdem beschloss sie, nicht aufs College zu gehen, sondern sie fing an, als Kellnerin in einem Frühstücksrestaurant zu arbeiten, in das ich häufig ging. Damals wusste sie nicht, dass ich Pastor einer Gemeinde war. Ich war einfach nur ein Typ namens Dave, der mittwochs an einem ihrer Tische saß.

In den nächsten Jahren war Kelly mit mehreren Männern befreundet, die ihr aber nichts gaben, außer einem wunderschönen kleinen Jungen. Ihr jugendlicher Überschwang, ihre Hoffnungen und Träume schwanden allmählich dahin. Während der ganzen Zeit war der Alkohol ihr ständiger Begleiter.

Eines Tages habe ich sie im Krankenhaus besucht. Sie sah leichenblass aus, denn sie hatte bis zur Bewusstlosigkeit getrunken. Ob es unbeabsichtigt war oder ein gezielter Versuch, sich das Leben zu nehmen, weiß ich nicht. Als ich sie besuchte, war sie zwar bei Bewusstsein, aber das Krankenhauspersonal war sich nicht sicher, ob sie wieder gesund würde. Und ich fragte mich, ob diese Begegnung unsere letzte wäre.

Ein paar Monate später bekam ich eine Kurznachricht und dann einen Anruf von Kelly. Sie erzählte mir, dass sie immer gerne mit mir über geistliche Dinge gesprochen hätte und fragte, ob wir uns treffen könnten. Also trafen wir uns am nächsten Donnerstag bei Starbucks. Sie erzählte, dass sie seit ein paar Wochen trocken war und gerade am Zwölf-Schritte-Programm der Anonymen Alkoholiker teilnahm.

Dann sah sie mich voller Ernst an und sagte: „Dave, können Sie mir helfen, an Gott zu glauben?"

Ich versprach ihr, mein Möglichstes zu tun, und wir verabredeten uns für den nächsten Donnerstag. Das war die erste von zahllosen Unterhaltungen, die wir wöchentlich führten.

Bei unserem zweiten Treffen spendierte ich ihr einen Kaffee und zeigte ihr einen Bibelvers, der mir viel bedeutete. Dort verspricht uns Gott: „Wenn ihr mich sucht, werdet ihr mich finden. Ja, wenn ihr mich von ganzem Herzen sucht, will ich mich von euch finden lassen. Das verspreche ich euch."[3]

Dann riet ich ihr: „Bitte Gott jeden Tag, sein Versprechen einzulösen. Sag ihm einfach: ‚Gott, wenn es dich gibt, dann zeig dich mir.' Und dann warten wir ab, was passiert."

Sie sah mich an, als wollte sie mir glauben, sei sich aber nicht sicher, ob sie es konnte.

Noch vor dem Ende dieses Kapitels werde ich Ihnen erzählen, wie Kellys Geschichte ausgegangen ist. Aber zunächst möchte ich noch etwas erklären. Kelly war Nick und vielen anderen von uns in einem Punkt sehr ähnlich: Wenn sie je verstanden hatte, dass sie Gottes Kind ist, dann hatte sie es vergessen.

Es ist seltsam, dass die Menschen vergessen können, wer sie sind.

Ich weiß, wer du bist

Als Ed Smart sich der Horde von Reportern und Fernsehberichterstattern gegenübersah, die sich in seinem Vorgarten niedergelassen hatten, war das für ihn der schlimmste Albtraum. Er trat, von Gefühlen überwältigt, an den Wald von Mikrofonen heran und wandte sich direkt an seine Tochter.

„Elizabeth", sagte er, „wenn du irgendwo da draußen bist, will ich dir sagen, dass wir tun, was wir können, um dir zu helfen." Er kämpfte mit den Tränen und wandte sich dann an die Entführer. „Bitte, lassen Sie sie gehen. Bitte!"

Im ganzen Land waren die Menschen besorgt um die Smarts und

ihre vierzehnjährige Tochter Elizabeth, die am Vorabend aus ihrem Zimmer entführt worden war.

Neun Monate lang hielten die Entführer Elizabeth gefangen. Sie befand sich während dieser Zeit oft sehr nahe an ihrer Heimatstadt Salt Lake City, aber weil sie gezwungen wurde, eine Perücke zu tragen und sich zu verkleiden, erkannte sie niemand. Manchmal aßen ihre Entführer mit ihr in Restaurants, in die auch ihre Familie ging, aber niemand erkannte sie. Die Experten halten es für möglich, dass bei ihr das Stockholmsyndrom einsetzte, wie das manchmal bei Entführungen der Fall ist. Dadurch sah Elizabeth die Smarts nicht mehr als ihre Familie und ihr Elternhaus nicht mehr als ihr Zuhause. Stattdessen fing sie an, sich zu ihren Entführern hingezogen zu fühlen und sich mit ihnen zu identifizieren.

Neun Monate später stand Elizabeth sowohl im übertragenen Sinne als auch ganz buchstäblich an einer Weggabelung.

Denn eines Tages sah ein Polizist an einer Kreuzung in einer Kleinstadt in Utah einen Teenager stehen, der ihm irgendwie bekannt vorkam.

Nachdem der Polizist ihr ein paar Fragen gestellt hatte, platzte das Mädchen heraus: „Ich weiß, Sie denken ich sei Elizabeth Smart, aber ich bin es nicht.“[4]

Daraufhin stellte der Polizist ihr Fragen zu ihrer Perücke, aber sie bestand darauf, dass es ihre echten Haare seien. Außerdem stellte er ihr Fragen zu dem Ehepaar, mit dem sie zusammen war, und sie behauptete felsenfest, es seien ihre Eltern, obwohl es ihre Entführer waren.

Sie war so nahe an ihrem Zuhause und doch so verloren.

Offensichtlich waren die schmerzlichen Erinnerungen der letzten Monate zu viel für sie gewesen. Entweder hatte sie jede Erinnerung an die Vergewaltigungen, die Gefangenschaft und die Gehirnwäsche der letzten Monate verdrängt oder sie konnte sie einfach nicht ertragen. Es schien, als wüsste sie nicht einmal mehr, wie verloren sie war. Sie hatte vergessen, wer sie wirklich war und wohin sie gehörte. Und sie hätte beinahe selbst verhindert, dass sie gefunden und nach Hause gebracht wurde.

Aber der Polizist sah ihr in die Augen und sagte ganz sanft so etwas wie: „Ich weiß, wer du bist. Du bist Elizabeth Smart. Du warst verloren und ich würde dich gerne nach Hause bringen."

Stille.

Er zeigte ihr das Plakat einer Vermisstenanzeige mit ihrem eigenen Bild darauf.

Dann sah sie ihn mit Tränen in den Augen an und sagte: „Sie sagen es, so sei es."[5] Mit anderen Worten: „Wenn Sie das sagen."

Sie stehen an einer Weggabelung

Ich glaube, Gott hat dafür gesorgt, dass Sie dieses Buch lesen, weil er möchte, dass Sie hören, wie er sanft zu Ihnen sagt: „Ich weiß, wer du bist. Und ich weiß, dass dein Weg dich an Orte geführt hat, an die du niemals kommen solltest. Das Leben hat dir Schmerzen bereitet, die du niemals fühlen solltest. Dir haben Dinge leidgetan, die du niemals hättest tun müssen. Du fühlst dich verloren. Ich würde dich jetzt gerne nach Hause bringen."

Manchmal fühlen wir uns wegen der Enttäuschungen und Tragödien des Lebens verloren. Oft verlaufen wir uns auch selbst. Wir gehen falsche Wege oder Umwege und landen dann an Orten, an die wir nie kommen wollten und die wir nie erwartet hätten. Einer der Propheten hat uns vor langer, langer Zeit einmal mit streunenden Tieren verglichen:

> *Wir alle irrten umher wie Schafe, die sich verlaufen haben;*
> *jeder ging seinen eigenen Weg.*[6]

Manche Menschen haben sich schon vor langer Zeit von ihrem eigentlichen Ich entfernt oder haben sich verlaufen. Wir haben uns schon so lange verlaufen, dass wir begonnen haben, uns mit unserer Verlorenheit zu identifizieren.

„In Beziehungen bin ich ein Versager."

„Ich bin ein Workaholic."

„Ich bin süchtig."

Aber Identität kommt immer vor Verhalten. Deshalb brauchen Sie jemanden, der zu Ihnen kommt und Ihnen hilft, sich daran zu erinnern, wer Sie wirklich sind und wo Sie hingehören.

Sie sind ein Kind Gottes.

Sie gehören zu Gott.

Erinnern Sie sich?

Die Mehrheit von uns hat kein Problem damit zu glauben, dass es Gott gibt. Das eigentliche Problem besteht darin, ob wir zu ihm gehören wollen oder nicht. Wir haben schlichtweg aus den Augen verloren, wie man eine Beziehung zu Gott haben kann. Denn die Wahrheit ist die: Ganz gleich, wer Sie sind oder was Sie getan haben oder was Ihnen angetan wurde, Sie sind ein Kind, weit weg von zu Hause, das zu einem Vater gehört, der ihm aus seiner Verlorenheit heraushelfen will.

Wie der Weg aussieht und wie er nicht aussieht

Bevor wir hier weitermachen, wollen Jon und ich Ihnen ganz klar und deutlich sagen, wie dieser Weg zurück zu Gott aussieht und wie er *nicht* aussieht.

Den Weg zurück zu Gott zu finden, heißt *nicht*, dass Sie sich ab jetzt zusammenreißen oder religiöser sein müssen.

Den Weg zurück zu Gott zu finden, heißt *nicht*, dass Sie mit sich selbst ins Reine kommen oder ein besserer Mensch werden müssen.

Den Weg zurück zu Gott zu finden, heißt *nicht*, dass Sie alle Zweifel überwinden müssen. Das wird in diesem Leben nicht mehr passieren.

Den Weg zurück zu Gott zu finden, heißt *nicht*, dass Sie einen Deal mit Gott machen oder versuchen, ihn irgendwie dazu zu bekommen, Sie anzunehmen, damit Sie in den Himmel kommen, wenn Sie sterben.

Den Weg zurück zu Gott zu finden, ist etwas für Sie, wenn Sie eine Kraft entdecken wollen, die stärker ist als Sie, damit Sie durchs Leben kommen.

Den Weg zurück zu Gott zu finden, ist etwas für Sie, wenn Sie bedingungslose Liebe entdecken wollen, die so groß ist, dass sie Ihr ganzes Denken und Fühlen völlig verändert.

Den Weg zurück zu Gott zu finden, ist etwas für Menschen, die andere so lieben möchten, wie sie selbst geliebt werden wollen.

Den Weg zurück zu Gott zu finden, ist etwas für Menschen, die einen Sinn für Ihr Leben suchen, für den es sich jeden Tag aufzustehen lohnt.

Den Weg zurück zu Gott zu finden, ist für alle Menschen, die eine Hoffnung für dieses und das nächste Leben suchen.

Wenn Ihnen das zusagt, dann kann ich Ihnen versichern, dass es möglich ist, den Weg zurück zu Gott zu finden. Aber ich will Ihnen nichts vormachen. Es gibt keine Garantie. Es kann so oder so ausgehen.

Erinnern Sie sich noch an Kelly, die Bedienung in dem Café? Ein Jahr nachdem sie beinahe an einer Alkoholvergiftung gestorben wäre, ging sie wieder in das gleiche Krankenhaus, aber diesmal als Besucherin, die sich bei den Ärzten und Schwestern bedankte, die sich um sie gekümmert hatten. Als sie auf die Intensivstation kam, wurde sie von einer der Schwestern mit einer Umarmung und mit den Worten begrüßt: „Kelly, es ist wunderbar, Sie zu sehen."

Kelly brach in Tränen aus.

Sie berichtete mir: „Mir wurde plötzlich bewusst, dass ich tatsächlich lebte, und dabei hätte ich verschwunden sein können – für immer. Ich hätte so viel verpasst. Mir wurde bewusst, dass es außer den Medikamenten, den Monitoren und Ärzten noch etwas anderes war, das mich am Leben gehalten hatte. Es war Gott. Er hat mich am Leben gehalten, weil er mich liebt und will, dass ich für meinen kleinen Jungen da bin und anderen Menschen helfe."

Ich treffe mich immer noch jede Woche mit Kelly, und es ist so schön zuzusehen, wie sie die ersten Schritte zurück zu Gott macht.

Aber die Geschichte von Nick ist anders verlaufen als die von Kelly. Obwohl er Gott gebeten hatte, sich ihm zu zeigen, und obwohl Gott sich ihm auf eine Art gezeigt hatte, die Nick selbst als „übernatürlich" beschrieb, kam er wieder vom Weg ab, nachdem er einmal auf dem Weg nach Hause gewesen war. Das kann jedem von uns passieren. Sollte Nick jemals das hier lesen, dann hoffe ich, dass er weiterliest und schließlich zu Gott zurückfindet. Im Moment ist er jedenfalls noch irgendwo unterwegs.

Der Rest dieses Buches ist für Menschen wie Nick, Kelly, Jon und mich geschrieben, Menschen, die aus verschiedenen Gründen und zu unterschiedlichen Zeiten in ihrem Leben Gott vergessen haben.

Ganz gleich, ob Sie sich als Christ, Jude, Buddhist, Moslem, Hindu oder „Sonstige" bezeichnen, dieses Buch kann Ihnen helfen, den Weg zurück zu Gott zu finden. Es ist egal, ob Sie hetero, schwul, lesbisch sind oder noch nicht wissen, was Sie sind – wenn Sie zurück zu Gott finden wollen, dann ist dieses Buch für Sie geschrieben. Sie können erzkonservativ oder ultraliberal sein, oder irgendetwas dazwischen, das ist ganz egal – Sie können zu Gott zurückfinden. Egal, ob Sie jung oder alt sind, ledig, verheiratet, geschieden oder verwitwet, es gibt einen Gott, der Sie kennt, Sie liebt und Ihnen einen Sinn für Ihr Leben geben möchte.

Aber um dorthin zu kommen, müssen Sie ein Wagnis eingehen.

Vielleicht sind Sie sich nicht sicher, ob Gott darauf wartet, dass Sie zu ihm zurückkommen. Was wollen wir wetten, dass es so ist?

2 DER WETTEINSATZ

Conor Murphys Leben hat sich durch einen einzigen Wetteinsatz komplett verändert.

Er war 29, arbeitete in einem Pferdestall und wünschte sich mehr vom Leben. Sein Job dort als Pferdeknecht war wie der eines Zimmermädchens, nur dass seine Gäste 700 Kilo schwere Pferde waren. Er wünschte sich sehnlichst, sie auch auszubilden und zu reiten, statt nur ihre Boxen sauber zu machen.

Bei einer scheinbar völlig verrückten Wette setzte er 75 Dollar darauf, dass fünf der Pferde seines Chefs am gleichen Tag bei einem Rennen gewinnen würden. Diese Art von Wetteinsatz heißt „Kumulativwette". Wenn alle fünf Pferde ihre jeweiligen Rennen gewannen, bekäme Conor einen großen Gewinn. Wenn aber auch nur eines der Pferde verlor, würde er seine 75 Dollar verlieren.

An jenem Tag kamen alle fünf Pferde als Erste über die Ziellinie! Dieser eine Wetteinsatz brachte Conor 1,5 Millionen Dollar.

„Pures Glück!", meinte er. Dann legte er die Mistgabel weg, kaufte sich ein Haus in Louisville und verwirklichte seinen Traum, Pferde auszubilden.[7]

Solche Geschichten lieben wir. Wir träumen davon, dass wir selbst einmal so viel gewinnen und dass Hollywood dann einen Film über uns dreht. Aber wir wissen, dass die Bank immer im Vorteil ist, und deshalb glauben wir, dass Wetten ein Verlustgeschäft ist. Man hat uns schließlich gewarnt: „Wenn es zu schön klingt, um wahr zu sein, dann ist es meistens auch nicht wahr."

Aber was wäre, wenn es einen Wetteinsatz gäbe, der wirklich Ihr ganzes Leben verändern würde? Was wäre, wenn Sie einen ganz fetten Gewinn einstreichen und damit alles verändern könnten?

Auf Gott setzen

Der Mathematiker Blaise Pascal, der im 17. Jahrhundert gelebt hat, gilt als einer der klügsten Köpfe in der Geschichte der westlichen Welt. Er ist auch der Erfinder der Wahrscheinlichkeitsrechnung. Als Junge wusste er zwar, dass es Gott gab, folgte ihm aber nicht ernsthaft nach. Doch durch eine mitternächtliche Begegnung mit Gott, die ihn zutiefst bewegte, veränderte sich seine Haltung. Aufgrund dieses Erlebnisses wurde in Blaise Pascal das Verlangen geweckt, anderen Menschen zu helfen, zu Gott zurückzufinden.

Er fing an, seine Wissenschaftskollegen herauszufordern, auf Gott zu wetten. Er forderte sie auf, sich auf den Glauben an Gott einzulassen und zu sehen, ob es ihr Leben veränderte.

Pascal erklärte den Wetteinsatz folgendermaßen: „Die Wahrscheinlichkeit, dass es Gott gibt, liegt bei 50 Prozent. Wägen wir also Gewinn und Verlust bei einer Wette, dass es Gott gibt, einmal gegeneinander ab. Schätzen wir die Chancen für beides ab. Wenn man gewinnt, gewinnt man alles. Wenn man verliert, verliert man nichts. Setzt also, ohne zu zögern, darauf, dass es Gott gibt."[8]

Das ist der erste Schritt auf dem Weg zurück zu Gott: Setzen auch Sie Pascals Wetteinsatz ein. Bei diesem Spiel können Sie nur gewinnen. Bedenken Sie die Vorteile: Wenn Sie Gott finden, könnten Sie auch die Quelle einer bedingungslosen Liebe finden, nach der Sie sich schon immer gesehnt haben. Wenn Sie Gott finden, könnte Ihnen das einen

Leben spendenden Sinn und ein echtes Ziel für Ihr Leben bringen. Gott ist derjenige, der auch Ihrer Vergangenheit einen Sinn geben kann. Das ist ein lohnender Erfolg! Und die Nachteile? Es gibt keine! *Null!*

Setzen Sie also auf Gott. Eine Wette ist nur die Entscheidung, etwas für einen möglichen positiven Ausgang zu riskieren. Ich möchte, dass Sie Folgendes riskieren: Beten Sie zu Gott.

Das fühlt sich anfangs vielleicht etwas unbeholfen an, aber ich möchte, dass Sie es versuchen. Sprechen Sie mit Gott und rechnen Sie damit, dass Gott auf Sie wartet, Ihnen zuhört und antwortet.

Wenn Sie das Risiko eingehen, zu Gott zu beten und ihn in Ihr Leben zu lassen, könnte es passieren, dass Gott sich Ihnen tatsächlich zeigt. Gott wünscht sich sogar so leidenschaftlich eine Beziehung zu Ihnen, dass ich Ihnen *versprechen* kann, dass Sie ihm begegnen werden. Jon und ich haben das so oft erlebt. Wenn Sie sich nach Gott ausstrecken, antwortet er. Das wird er wirklich tun. Diese Wette lohnt sich!

Ich habe einige Gebete ausgewählt, die Sie verwenden können, um Ihren Wetteinsatz zu tätigen. Jedes dieser Gebete ist eine Weiterführung des ersten Gebets – das gleiche Gebet, das auch Nick und Kelly im ersten Kapitel gebetet haben:

> *Gott, wenn es dich gibt,*
> *dann zeig dich mir.*

Jedes Mal, wenn Sie mit Gott sprechen möchten, sprechen Sie dieses Gebet, und wetten Sie darauf, dass er Sie hört. Ich verspreche Ihnen, dass er es tut. Er hat uns sein Wort gegeben.

Wenn ihr mich sucht …

Was halten Sie von der Bibel?

Vielleicht denken Sie, sie ist überholt und voller Widersprüche. Aber wenn Sie so denken wie die meisten Menschen, respektieren

Sie sie wahrscheinlich. Vielleicht glauben Sie sogar, dass sie eine der besten Quellen geistlicher Wahrheiten ist, die wir haben. In diesem heiligen Buch verspricht Gott, dass wir ihn finden werden, wenn wir ihn suchen. Ich will Ihnen zeigen, wie Gott dieses Versprechen immer und immer wieder wiederholt. Das erste Versprechen werden Sie wiedererkennen, weil es das Versprechen ist, das ich auch Kelly gegenüber zitiert habe:

> *Wenn ihr dann zu mir ruft, wenn ihr kommt und zu mir betet, will ich euch erhören. Wenn ihr mich sucht, werdet ihr mich finden. Ja, wenn ihr mich von ganzem Herzen sucht, will ich mich von euch finden lassen. Das verspreche ich euch.*[9]

Es gibt noch viel mehr Bibelverse, die das Gleiche nur mit anderen Worten versprechen. Hier sind noch einige:

> *Dann werdet ihr den Herrn, euren Gott, suchen. Und ihr werdet ihn finden, wenn ihr ehrlich und von ganzem Herzen nach ihm fragt.*[10]

> *Ich liebe den, der mich liebt; wer sich um mich bemüht, der wird mich finden.*[11]

> *Sucht die Nähe Gottes, dann wird er euch nahe sein.*[12]

Erkennen Sie das Thema, das sich durch alle diese heiligen Verse zieht? Immer und immer wieder sagt uns die Bibel, dass unsere aufrichtige Suche dazu führen wird, dass wir Gott erleben und finden werden. Wenn wir beten: „Gott, wenn es dich gibt, dann zeig dich mir", dann tut er es!

Schließen Sie also die Wette ab. Setzen Sie auf Gott. Ich fordere Sie heraus.

Der 30-Tage-Test

Das Gebet „Gott, wenn es dich gibt …“ als Wetteinsatz hat nichts Magisches an sich. Aber Gottes Art, darauf zu antworten, *hat* etwas Übernatürliches.

Um Ihnen zu helfen, dass Sie diese Worte nicht nur mit den Lippen sprechen, sondern die Absicht dahinter auch ausleben, haben Jon und ich am Ende dieses Buches eine Anleitung für Ihren 30-Tage-Wetteinsatz geschrieben. Wenn Sie zu der Sorte Mensch gehören, die gerne einen genauen Plan haben, um sich daran festzuhalten, dann werden Sie diese Anleitung mögen. Sie beinhaltet einfache Aktivitäten und einen kurzen – aber nicht zu kurzen – Ausblick, um zu sehen, wie sich Ihr Wetteinsatz auf Gott auszahlt.

Wenn Sie die 30-Tage-Wette genau befolgen, werden Sie jedes der fünf „Gott, wenn es dich gibt“-Gebete sechs Tage lang beten. Außerdem werden Sie den Sinn dieser Gebete auf Ihr Leben anwenden, indem Sie darüber nachdenken und Tagebuch führen. Lassen Sie den Finger genau hier im Buch und schauen Sie einmal kurz hinten im Buch nach, wie die 30-Tage-Wette aussieht.

Wir schlagen vor, dass Sie das Buch in Ihrem eigenen Tempo weiterlesen. Aber ganz gleich, wie lange Sie brauchen, um das Buch zu lesen, arbeiten Sie sich dabei gleichzeitig auch systematisch durch diese 30 Tage. Vielleicht ist die 30-Tage-Wette genau das, was Sie brauchen, um sich auf eine Reise zu begeben, bei der sogar noch mehr auf dem Spiel steht als bei Conor Murphy – nämlich Gott zu finden!

hpftwbtG

Jon und ich haben schon Tausende von Menschen erlebt, die auf Gott gewettet und ihn gefunden haben, als sie beschlossen, ihn zu suchen. Sie haben Gottes Nähe gesucht und er kam ihnen nahe. Auf den folgenden Seiten werden Sie Geschichten von Menschen lesen, die so anfangen:

- Holly musste zusehen, wie ihr Mann durch Depressionen arbeitsunfähig wurde und ihre Familie zerbrach. Sie hatte das Gefühl, ihre ganze Welt zerfiel.
- Jeremy und Melissa, zwei ganz wunderbare Menschen, haben keine Liebe gefunden.
- Rich war der erfolgreiche Pastor einer Mega-Gemeinde, bis ihn seine Frau mit den Kindern verließ und sagte: „Wir kommen prima ohne dich klar."
- Aaron behauptete, Atheist zu sein, und hatte keine Zeit für Gott.
- Jeff bewegte sich immer nur von einem Hype zum nächsten.
- Rich hätte am Abend seiner Hochzeit beinahe seine Frau durch einen Schlaganfall verloren und fragte immer wieder: „Warum?"

Jeder dieser Menschen hat aus den unterschiedlichsten Gründen auf Gott gewettet und Gott hat sein Versprechen gehalten. Nicht jede dieser Geschichten endet mit einem Happy-End, aber als sie sich an Gott klammerten, hielt er sie fest. Das tut er immer.

Weil ich in meinem eigenen Leben und im Leben dieser Menschen so tief gehende, positive Veränderungen erlebt habe, habe ich es mir zur Lebensaufgabe gemacht, Menschen zu helfen, zu Gott zurückzufinden. Wenn ich es auf ein T-Shirt drucken müsste, würde das so aussehen: „hpftwbtG“ (help people find their way back to God – Menschen helfen, ihren Weg zu Gott zurückzufinden: „MhiWzGz“). Das tue ich am liebsten. Und das tue ich auch in diesem Buch.

Ein fünffaches Erwachen, das alles verändert

Bei meinen Beobachtungen und der Begleitung von Tausenden von Menschen habe ich fünf verschiedene Arten des Erwachens gesehen, die sich fast immer auf dem Weg zurück zu Gott ereignen. Der Ausgangspunkt und die Motivation hinter ihrer Reise ist meistens recht unterschiedlich, aber die Stationen, die sie durchlaufen, sind auffällig ähnlich. Wenn ich von diesen fünf Arten des Erwachens berichte, bekomme ich häufig Reaktionen wie: „Ja, genau so war es bei mir auch“, oder „Woher wissen Sie das?“.

Die fünf verschiedenen „Gott, wenn es dich gibt“-Gebete haben die Aufgabe, in Ihnen diese fünf Arten des Erwachens zu wecken. Sie sollen Sie begleiten, von einem Gefühl der Traurigkeit darüber, dass Sie so weit von Gott entfernt sind, bis hin zu einem echten Fortschritt auf Ihrem Weg zurück zu ihm.

So ein Erwachen ist vergleichbar mit einem Aha-Effekt, der jedoch nicht unbedingt plötzlich passiert. Es ist zumeist eher so, als würde man langsam aus einem Schlaf erwachen. Etwas dringt in Ihr Bewusstsein ein, und Sie merken, dass Sie sich von der Dunkelheit ins Licht und vom Alten zum Neuen bewegen. Wo Ihnen vorher Dinge nicht klar waren, sind sie jetzt klar. Und schließlich erleben Sie einen Durchbruch, der Sie einen riesigen Schritt näher zu Gott bringt.

Die Wahrheit hinter einem solchen Erwachen ist nichts, was wir mit dem Verstand erfassen können, wie: „Paris ist die Hauptstadt von Frankreich“ oder: „Die Bayern-Fans wissen einfach nicht, wann sie aufgeben müssen.“ Eine solche Wahrheit *versteht* man nicht nur rein rational. Wir müssen sie vielmehr *realisieren* – sie muss buchstäblich eine *reale* Erfahrung für uns werden –, wenn sie etwas in unserem Leben verändern soll. Sie muss praktisch zu einem Teil von uns werden.

Im weiteren Verlauf dieses Buches werden wir also die folgenden Arten des Erwachens näher betrachten:

1. Das Erwachen der Sehnsucht: „Es muss mehr geben."
2. Das Erwachen der Reue: „Ich wünschte, ich könnte noch einmal von vorne anfangen."
3. Das Erwachen der Hilfsbedürftigkeit: „Ich schaffe das nicht alleine."
4. Das Erwachen der Liebe: „Gott liebt mich also doch von Herzen."
5. Das Erwachen zum Leben: „Jetzt lebe ich!"

Ich vertraue fest darauf, dass diese fünf Arten des Erwachens Sie ansprechen werden. Das ist nicht nur so, weil ich sie im Leben so vieler Menschen beobachtet habe, sondern auch, weil sie in Jesu berühmter Geschichte vom verlorenen Sohn, der nach Hause zurückfindet, vorkommen. Das Gleichnis vom verlorenen Sohn wird weithin als eine der besten Kurzgeschichten in der Literatur überhaupt angesehen. Jesus hat diese Geschichte erzählt, um uns zu zeigen, wie wir unseren Weg zurück zu Gott finden können. Schließlich war das Jesu Lebensaufgabe: Verlorene zu suchen und zu retten.[13]

Die Geschichte des verlorenen Sohnes ist auch meine Geschichte. Sie ist Ihre Geschichte. Sie ist unsere Geschichte.

Selbst wenn Sie diese Geschichte schon kennen, lesen Sie sie bitte noch einmal. Versuchen Sie dabei, die Wendepunkte auf der Reise dieses Sohnes herauszufinden. Anschließend beschäftigen wir uns mit dem ersten Erwachen. Ich weiß, dass das Erwachen der Sehnsucht etwas tief in Ihnen ansprechen wird.

Die Geschichte vom verlorenen Sohn

Lukas 15,11-24 (NGÜ)

Ein Mann hatte zwei Söhne. Der jüngere sagte zu ihm: „Vater, gib mir den Anteil am Erbe, der mir zusteht!" Da teilte der Vater das Vermögen unter die beiden auf. Wenige Tage später hatte der jüngere Sohn seinen ganzen Anteil verkauft und zog mit dem Erlös in ein fernes Land. Dort lebte er in Saus und Braus und brachte sein Vermögen durch. Als er alles aufgebraucht hatte, wurde jenes Land von einer großen Hungersnot heimgesucht. Da geriet auch er in Schwierigkeiten. In seiner Not wandte er sich an einen Bürger des Landes und dieser schickte ihn zum Schweinehüten auf seine Felder. Er wäre froh gewesen, wenn er seinen Hunger mit den Schoten, die die Schweine fraßen, hätte stillen dürfen, doch selbst davon wollte ihm keiner etwas geben. Jetzt kam er zur Besinnung. Er sagte sich: „Wie viele Tagelöhner hat mein Vater und alle haben mehr als genug zu essen! Ich dagegen komme hier vor Hunger um. Ich will mich aufmachen und zu meinem Vater gehen und zu ihm sagen: Vater, ich habe mich gegen den Himmel und gegen dich versündigt; ich bin es nicht mehr wert, dein Sohn genannt zu werden. Mach mich zu einem deiner Tagelöhner!" So machte er sich auf den Weg zu seinem Vater. Dieser sah ihn schon von Weitem kommen; voller Mitleid lief er ihm entgegen, fiel ihm um den Hals und küsste ihn. „Vater", sagte der Sohn zu ihm, „ich habe mich gegen den Himmel und gegen dich versündigt; ich bin es nicht mehr wert, dein Sohn genannt zu werden." Doch der Vater befahl seinen Dienern: „Schnell, holt das beste Gewand und zieht es ihm an, steckt ihm einen Ring an den Finger und bringt ihm ein Paar Sandalen! Holt das Mastkalb und schlachtet es; wir wollen ein Fest feiern und fröhlich sein. Denn mein Sohn war tot und nun lebt er wieder; er war verloren und nun ist er wiedergefunden.“ Und sie begannen zu feiern.

DAS ERWACHEN DER SEHNSUCHT:

ES MUSS MEHR GEBEN

Wenige Tage später … zog [er] mit dem Erlös in ein fernes Land.

Lukas 15,13 (NGÜ)

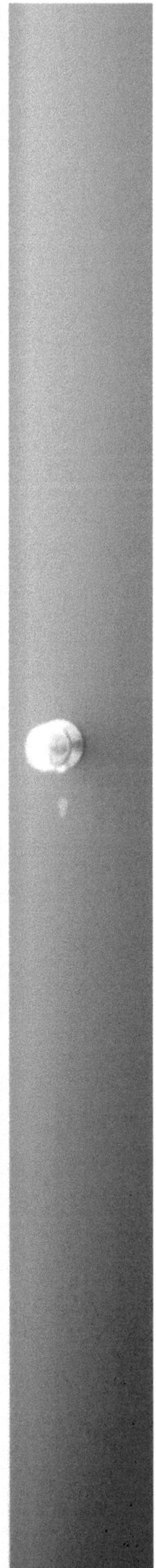

3 ICH WILL, WAS MIR ZUSTEHT

In dem Film „Scarface" steigt der kubanische Flüchtling Tony Montana, gespielt von Al Pacino, zum Boss eines Drogenkartells auf. In einer Szene fährt er mit seinem Freund Manny in seinem Cabrio durch die Straßen von Miami, und es spielt sich folgender Dialog zwischen den beiden ab:

> *Manny: Mann, sei einfach glücklich mit dem, was du hast.*
> *Tony: Sei du doch glücklich. Ich will, was mir zusteht.*
> *Manny: Und was steht dir zu?*
> *Tony: Die Welt, mein Freund, und alles, was sie zu bieten hat.*[14]

Schon lange bevor Tony Montana sagte: „Ich will, was mir zusteht", erzählte Jesus eine Geschichte über einen jungen Mann, der im Grunde das Gleiche zu seinem Vater sagte. Jesu berühmte Geschichte über den verlorenen Sohn fängt an mit den Worten: „Ein Mann hatte zwei Söhne. Der jüngere sagte zu ihm: ‚Vater, gib mir den Anteil am Erbe, der mir zusteht!'"[15] Mit anderen Worten: „Ich will, was mir zusteht."

Jesus erzählte die Geschichte vom verlorenen Sohn vor dem Hintergrund der nahöstlichen Kultur des ersten Jahrhunderts. Damals gehörte es zu den schwersten Beleidigungen gegenüber einem Vater, wenn man vorzeitig sein Erbteil forderte. Zur Zeit Jesu erwartete man von einem Sohn nicht nur, dass er wartete, bis sein Vater gestorben war, bevor er sein Erbe antrat, sondern auch, dass er sich um seinen alten Vater kümmerte. Dass dieser Sohn vorzeitig sein Erbe wollte, war so, als sagte er zu seinem Vater: „Hey Alter, es ist mir eigentlich egal, ob du lebst oder tot bist. Ich will einfach nur, was mir zusteht, und das sofort."

So etwas zu sagen war eine große Beleidigung!

Bevor wir diesen Sohn jetzt als undankbar und egoistisch abstempeln, sollten wir einmal darüber nachdenken, ob er vielleicht nur laut sagte, was die meisten von uns denken. Haben wir nicht manchmal das Gefühl, dass das Leben uns nicht das gibt, was wir erhofft hatten oder was wir wollten oder sogar, was wir glauben verdient zu haben?

Was Sie jetzt lesen werden, wird Sie vielleicht überraschen: Sie sollten tatsächlich das wollen, was Ihnen zusteht. Natürlich ist nicht alles, was Sie wollen, auch gut für Sie, genauso wenig wie alles, was Tony Montana wollte, gut war. Aber Ihre Sehnsucht nach Liebe, die wirklich hält, und nach einem Sinn im Leben und Ihr Bedürfnis, einen Sinn in den schweren Zeiten des Lebens zu finden, kommt von Ihrem Schöpfer. Wenn Ihnen die wahre Bedeutung dieser Sehnsüchte klar wird, ist das der erste Schritt auf dem Weg zu Gott.

Das Problem sind also nicht unsere Sehnsüchte und Wünsche. Das Problem ist, dass wir versuchen, sie uns selbst zu erfüllen, und dabei aus dem Auge verlieren, wer wir wirklich sind und wozu wir geschaffen sind.

Der Sohn in Jesu Geschichte ist wie viele von uns: Er war sich sicher, dass er seinen Vater verlassen musste, um sich sein Verlangen und seine Sehnsüchte zu erfüllen. Also „zog [er] … in ein fernes Land"[16]. Darin erinnert er mich an meinen Cousin Jake.

Auf der Jagd nach Nashville

Jake wuchs in einem christlichen Freizeitheim auf, das seine Eltern leiteten, und er ging treu in eine Gemeinde, die seine Großeltern gegründet hatten, als seine Mutter ein Teenager gewesen war. Seine Eltern waren nicht perfekt, aber sie sorgten für ihn so gut man es sich nur denken konnte. Was die geistliche Wegweisung anging, schienen sie jene Ausgewogenheit zu haben, die sich so viele Eltern wünschen: eine klare Richtung vorgeben, ohne zu viel Zwang auszuüben. Und Jake hatte dazu noch Großeltern, die in der Nähe wohnten und dort ausglichen, wo seine Eltern versagten.

Nach seinem High School-Abschluss studierte Jake Musik und Theologie an einem christlichen College und erhielt bald eine Teilzeitstelle in einer Gemeinde in einem Vorort von Chicago. Schließlich beschloss er, sich ganz der Musik zu widmen, und zog während der Sommermonate in die Innenstadt von Chicago. Dort wollte er arbeiten und sich darauf vorbereiten, in Nashville Karriere zu machen. In jenem Sommer fing er an zu trinken.

Jake hat erlebt, dass die Gastronomie ein guter Ort ist, um schnell Geld zu verdienen, aber auch um falsche Entscheidungen zu treffen. Beides fing bei ihm an, als er im *House of Blues* in der North Dearborn Street arbeitete.

„Dort fing die Talfahrt an", sagt Jake heute. „Es gab nichts Besseres auf der Welt als einen Drink, nachdem man sich bei der Arbeit in der Bar zu Tode geschuftet hatte."

Als Jake schließlich nach Nashville zog, führte er die Art zu leben, die er sich in Chicago bereits angewöhnt hatte, fort: komponieren, arbeiten, Mädchen aufreißen und trinken. Jake sagt dazu: „Ich hatte viel Spaß und fühlte mich gut. Ich glaubte, dass ich einen Witz machte, wenn ich sagte, dass ich ein Hedonist sei, aber ich merkte gar nicht, dass das tatsächlich der Fall war."

Nachdem er fünf Jahre lang auf diese Weise gelebt und gearbeitet hatte, veränderte sich langsam etwas. Jake sagt, er trank nicht mehr *während* eines Vergnügens, sondern das Trinken *war* das Vergnügen selbst geworden.

Er erzählte mir: „Ich trank nicht, um die Depression oder den Schmerz zu mildern, sondern ich liebte es einfach zu trinken."

Aber der Alkohol fing an, seinen Preis zu fordern. Jake rutschte in die Sucht ab. Er konnte immer noch weitgehend normal funktionieren, aber er hatte beständig Alkohol im Blut und fing meistens schon beim Aufstehen an zu trinken. Das ging so weit, dass er trinken musste, damit ihm nicht schlecht wurde. Er feierte jeden Abend in aller Öffentlichkeit, damit seine Kollegen, wenn er tagsüber nach Alkohol roch, dachten, es sei noch vom Vorabend und nicht von dem, was er bereits getrunken hatte, bevor er zur Arbeit ging.

An einem warmen Sonntagabend im Juli wurde Jake klar, dass sich etwas ändern musste, oder er würde diesen Lebensstil nicht mehr lange überleben. Es gab kein besonderes Ereignis oder eine himmlische Erscheinung, sondern es war einfach nur die Gewissheit, dass ihm nicht mehr viel Zeit blieb. Wenn er nicht bald aufhörte zu trinken, waren der Tod oder andere ernsthafte Folgen unausweichlich.

„Leider konnte ich an jenem Sonntagabend nicht aufhören", sagte er, „weil ich die nächsten drei Tage arbeiten musste, und ich wusste, dass ich das nicht ohne Alkohol schaffen würde. Also beschloss ich, am Mittwochabend nach der Arbeit aufzuhören. An jenem Mittwochabend bekam ich Entzugserscheinungen, die bis zum Samstagmorgen gegen elf Uhr anhielten. Ich bekam alle fünfzehn bis dreißig Minuten eine Art Krampfanfall, hatte leichte Halluzinationen und musste mich ständig übergeben. Es war Angst einflößend, und ich hatte die ganze Zeit das Gefühl, mein Herz würde mir aus der Brust springen.

Während dieser Zeit sprach ich nur ein einziges Gebet: ‚Herr, sei mir gnädig.' Es war ein Gebet aus einem Buch über einen keltischen

Mönch, das ich schon tausendmal gelesen hatte. Und es war das einzige Gebet, das mir einfiel."

Es muss mehr geben

Was Jake in Nashville gesucht hatte, ist nichts anderes als das, wonach sich so viele von uns sehnen: Sinn, Erfolg und Liebe. Seine Alkoholsucht zeigt nur, wie weit er davon entfernt war, das zu finden, was er wirklich wollte. Jake war genau wie der Sohn in Jesu Geschichte, der von dem elterlichen Hof weggegangen war und an den falschen Orten nach einem guten Leben gesucht hatte.

Gott beantwortete das Gebet meines Cousins. Er ist jetzt seit zweieinhalb Jahren trocken. Er würde sagen, er hat immer noch seine Ecken und Kanten, aber er ist sich absolut sicher, dass Gott einen Plan für den Rest seines Lebens hat.

Wenn Sie das Gefühl haben, dass Sie etwas nachjagen, das Sie niemals wirklich befriedigen wird, dann hören Sie auf dieses Gefühl. Es kommt von Gott.

Ihre Situation ist vielleicht nicht wie die von Jake. Sie sind vielleicht nicht süchtig und rebellisch. Ich habe viele *brave Kirchgänger* erlebt, die Woche für Woche in der Kirchenbank sitzen – oder von der Kanzel zu solchen Menschen predigen – und doch das Gefühl haben, von Gott ganz weit weg zu sein. Sie sind nach außen *erfolgreich* oder *mustergültig* oder *gottesfürchtig*, aber innen drin fehlt ihnen Gott. Sich einfach nur mit religiösen Dingen, Arbeit, Schule oder Familie zu beschäftigen, ist nicht genug. Sie brauchen genauso das Gefühl, dass es Gott wirklich gibt, wie Jake.

Für uns alle ist das erste Erwachen die Sehnsucht: „Es muss mehr geben." Das hat der verlorene Sohn gespürt, als er sein Erbteil forderte und von zu Hause wegging. Er merkte nicht, dass das, wonach er sich sehnte, schon für ihn bereit war.

Wenn Sie sich nach einer tiefen, befriedigenden Liebe sehnen, wenn Sie sich einer Sache widmen möchten, die wirklich etwas bewirkt, oder wenn Sie Antworten auf die schwierigsten Fragen des Lebens suchen, dann suchen Sie nach einem Weg zurück zu Gott. Sie haben zwei Möglichkeiten: Sie können weitersuchen und versuchen, diese Sehnsüchte selbst zu stillen, oder Sie können sich an den wenden, der diese Sehnsüchte in Sie hineingelegt hat.

Genau wie Jake gebetet hat: „Herr, sei mir gnädig", bitte ich Sie, als Teil Ihrer Wette, ob Gott sich Ihnen zeigen wird, ein ganz bestimmtes Gebet zu sprechen. Hier das Gebet, das zum ersten Erwachen gehört:

Gott, wenn es dich wirklich gibt,
dann zeig dich mir.
Erwecke in mir die Fähigkeit zu erkennen,
dass du es bist, der in meinem Leben fehlt.

Es ist wichtig, dass Sie die Bedeutung dieses Gebets verinnerlichen. Sagen Sie nicht einfach nur die Worte vor sich hin. Sprechen Sie dieses Gebet, und rechnen Sie fest damit, dass Gott Ihnen zeigen wird, dass er es ist, der Ihnen fehlt. Wenn Sie bereit sind, sich auf diese Wette einzulassen, wird Gott Ihnen zeigen, dass Sie das, wonach Sie sich sehnen, in ihm finden können.

In den nächsten Kapiteln möchte ich Ihnen helfen, Ihr Erbe zu entdecken: die Liebe, nach der Sie sich sehnen, ein Ziel, das Ihrem Leben einen tiefen Sinn gibt, und Antworten auf einige der schwierigsten Fragen des Lebens.

4 AUF DER SUCHE NACH LIEBE

Glynn Wolfe hält den Rekord über die häufigsten Eheschließungen eines Menschen in den USA – er war 29 Mal verheiratet! Seine längste Ehe dauerte sieben Jahre. Seine kürzeste Ehe dauerte 19 Tage. Und hier noch ein interessantes Detail zu Glynn Wolfe: Er war Baptistenprediger.

Wolfes Sohn aus seiner vierzehnten Ehe wurde einmal gefragt, warum sein Vater so oft geheiratet hätte. Er antwortete darauf: „Mein Vater war einfach wählerisch.“[17]

Man könnte leicht denken: „Er war nicht wählerisch, er war krank.“ Und ich will damit nicht sagen, dass er das nicht war. Ich will damit nur sagen, dass wir Glynn Wolfe vielleicht viel ähnlicher sind, als wir uns eingestehen möchten. Sie und ich sind auf der Suche nach Liebe, und das manchmal recht verzweifelt.

Warum hörte Glynn Wolfe nicht nach dem vierten oder dem vierundzwanzigsten Versuch, sein Eheglück zu finden, auf? Warum versuchte er es immer wieder?

Warum versuchen es die meisten Menschen immer wieder? Schließlich sind Beziehungen schwierig. Wir werden im Stich gelassen. Wir werden verletzt. Und trotzdem sehnen wir uns noch nach Liebe.

Wenn Sie Vater oder Mutter sind frage ich Sie: Warum noch ein Kind bekommen? Denn ganz gleich wie wunderbar sie sind, irgendwann einmal brechen sie einem das Herz. Sie suchen nach Liebe.

Warum gehen Sie das Risiko einer neuen Freundschaft ein, wenn Ihnen Ihr Freund oder ihre Freundin gerade in den Rücken gefallen ist? Sie suchen nach Liebe.

Manchmal bereichern zwischenmenschliche Beziehungen unser Leben ungemein und hin und wieder bringen sie nichts als Sorgen. Aber keine dieser Beziehungen kann diese tiefe Sehnsucht in unseren Herzen nach Liebe stillen. Deshalb müssen wir auf unserem Weg zu Gott darauf achten, ob unser Wunsch nach Liebe uns ablenkt oder zu ihm führt.

Wer an die Tür zum Bordell klopft

In Jesu Geschichte nahm der Sohn sein Erbe und ging in ein weit entferntes Land. Die Geschichte verrät nicht viele Details von dem, was in jenem Land tatsächlich passiert ist. Es heißt nur:

> *Dort lebte er in Saus und Braus und brachte sein Vermögen durch.*[18]

Es bleibt uns überlassen, uns auszumalen, wie dieses Leben „in Saus und Braus“ zur damaligen Zeit wohl ausgesehen haben mag.

Wenn die Geschichte heute spielen würde, dann wäre der Sohn auf seiner Suche nach mehr vielleicht nach Las Vegas oder nach Amsterdam gegangen. Ich kann mir gut eine Reise mit vielen wilden Partys vorstellen, die bis in die Puppen gehen, und mit Mädchen, die bereit sind, jeden Wunsch zu erfüllen. Sein älterer Bruder verpetzte ihn bei seinem Vater: „… dein Sohn, der dein Vermögen mit Huren durchgebracht hat“.[19]

Der jüngere Bruder suchte nur das, wonach wir uns alle sehnen, und er stellte fest, dass seine eigenmächtige Suche genauso leer und sinnlos war, wie wir sie auch heute noch empfinden.

Ich habe einmal jemanden sagen hören, jeder Mann, der an die Tür eines Bordells klopft, sei in Wirklichkeit auf der Suche nach Gott. Wenn Sie an die Tür irgendeines selbstzerstörerischen Verhaltens oder einer ungesunden Beziehung klopfen, dann sind Sie vielleicht an einem wichtigen Punkt auf Ihrer Reise zurück zu Gott angekommen. Warum? Weil die Enttäuschung, die Sie bei einem billigen Ersatz unweigerlich verspüren werden, Sie zu der Frage führen wird, wo wahre Liebe gefunden werden kann.

Unsere Sehnsucht nach echter Liebe geht zurück bis an den Punkt, an dem die menschliche Rasse erschaffen wurde. Gott wollte schon damals, dass wir seine Liebe sowohl direkt von ihm als auch durch gesunde Beziehungen zu anderen Menschen erfahren.

Wir sehnen uns nach der Liebe anderer

Wenn Sie auf den Schöpfungsbericht am Anfang der Bibel genau achten, hören Sie dort eine rhythmische Wiederholung. Nach jedem Schöpfungsakt (Licht, Himmel, trockner Boden, und so weiter) heißt es dort: „Gott sah, dass es gut war."[20] Die Beurteilung der Erde in ihrem Anfangsstadium war immer positiv.

Aber dann wechselte dieser Rhythmus plötzlich. Als Gott den ersten Menschen erschaffen hat, tauchen plötzlich die Worte „nicht gut" auf. Was war der Grund? Einsamkeit. Gott sagte:

> *Es ist nicht gut, dass der Mensch allein lebt.*[21]

Gott sagte nicht nur, dass der erste Mensch eine Frau brauchte. Seine Aussage war weitreichender. Er sagte, dass unsere Sehnsucht nach Liebe und Vertrautheit Teil unseres Erbes ist, das er uns mitgegeben hat. Er wusste von Anfang an, dass es sich *nicht gut* anfühlen würde für uns, wenn wir alleine sind. Wir sehnen uns nach liebevollen Beziehungen mit anderen, und wenn wir sie nicht bekommen, fühlt sich unser Leben leer an.

Man konnte die Dunkelheit spüren

Wenn Ihnen Jeremy und Melissa begegnen würden, würde Ihnen dieses attraktive Ehepaar Mitte dreißig mit vier Kindern wahrscheinlich auffallen. Sie gehören zu der Sorte Menschen, von denen wir annehmen, dass bei ihnen alles gut läuft. Sie kämen nie darauf, dass ihre Sehnsucht nach Liebe sie beinahe alles gekostet hätte.

Jeremy hat immer eine ganz besondere Beziehung zu seinem Großvater gehabt. Sie waren beide Baseballfans, und seinem Großvater war es wichtig, keines von Jeremys Spielen zu verpassen. Jeremy war ein außergewöhnlich guter Sportler, der so gut Baseball spielte, dass die *Chicago White Sox* ihn für ihre Mannschaft rekrutierten. Aber statt einen Vertrag bei den *Sox* zu unterschreiben, entschied sich Jeremy für ein Stipendium fürs College und spielte dort Baseball.

Als Jeremy etwa die Hälfte seines Studiums hinter sich hatte, starb sein Opa plötzlich. Jeremy fühlte sich einsam und war am Boden zerstört. Der einzige Mensch auf der Welt, von dem er glaubte, dass er ihn bedingungslos geliebt hatte, war nicht mehr da. An diesem Punkt verlor Jeremy seinen Draht zu Gott. Er hatte das Gefühl, dass Gott ihn vergessen hatte, also dachte er sich, könne er auch Gott vergessen.

Als er versuchte, die Leere, die der Tod seines Großvaters in ihm hinterlassen hatte, zu füllen, fing es an, mit ihm bergab zu gehen. Seine Noten wurden schlechter, er verlor das Baseball-Stipendium und brach schließlich das Studium ab. Er hatte das Gefühl, alle enttäuscht zu haben.

Danach erlebte Jeremy zwei gescheiterte Ehen. Und als wäre das nicht schon genug, musste er während der zweiten Scheidung miterleben, wie seine Mutter an Brustkrebs erkrankte.

Jeremy sagt: „Ich wollte nichts mehr mit Gott zu tun haben, weil er keinerlei Anstalten machte, etwas mit mir zu tun haben zu wollen. Es schien, als würde er mir jeden nehmen, der mir irgendwie nahestand."

Schließlich wollte er dem Ganzen ein Ende setzen und schluckte ein ganzes Fläschchen Tabletten. Zum Glück schlug sein Selbstmordversuch fehl. Und als er im Krankenhaus wieder aufwachte, fragte er sich, was aus seinem Leben geworden war.

Melissas Geschichte ist ganz ähnlich. Auch sie kam durch kaputte Beziehungen an einen Punkt der tiefen Verzweiflung. Ihre Geschichte fing lange bevor sie Jeremy kennenlernte an.

Wenn Sie sie treffen würden, würde sie Ihnen erzählen, dass sie sich nicht daran erinnern kann, als Kind viel an Gott gedacht zu haben. Als sie ein Teenager war, trennten sich ihre Eltern, und sie betete zu wem auch immer da draußen. Um die Leere auszufüllen, die ihre zerbrochene Familie hinterlassen hatte, experimentierte sie mit Drogen. Das erfüllte ihre tiefsten Sehnsüchte natürlich nicht, also wandte sie sich den Männern zu, in der Hoffnung, sie könnten ihre Sehnsucht stillen.

Nach einer schmerzlichen Scheidung von einem Mann, der sie misshandelt hatte, ging sie eine neue Beziehung ein, in der sie noch mehr misshandelt wurde. „Ich habe nie verstanden, warum Gott nicht verhindert hat, dass ich geschlagen werde. Und statt mich Gott zuzuwenden, habe ich begonnen, Kokain zu nehmen."

Sie lernte Jeremy zu einem Zeitpunkt kennen, an dem beide sich fragten, wie es mit ihrem Leben weitergehen sollte. Jeremy sprach für beide, als er mir erzählte: „Man konnte die Dunkelheit regelrecht spüren. Aber anstatt einander gefunden zu haben, waren wir immer noch verloren und alleine und konnten unseren Weg nicht finden. Wir wussten, dass wir aus unserer Situation nur rauskommen würden, wenn wir zugaben, dass wir es alleine nicht schafften."

Kurz nachdem sie einander kennengelernt hatten, begannen sie aktiv, nach etwas Größerem zu suchen. Diese Suche führte sie schließlich zu einer Gemeinde, in der die Menschen Gott aufrichtig baten, sich ihnen zu zeigen. Und Jeremy und Melissa beschlossen, sich ebenfalls auf diese Wette einzulassen.

Ab diesem Zeitpunkt fingen die Dinge an, sich zum Besseren zu wandeln. Nach einiger Zeit beschlossen sie, sich taufen zu lassen, um damit ihre neu gefundene geistliche Identität zum Ausdruck zu bringen. Mit Tränen in den Augen sagte Jeremys Vater bei seiner Taufe zu ihm: „Ich war noch nie so stolz auf dich wie jetzt."

Jeremy erzählte mir: „Das war das erste Mal seit dem Tag, an dem ich mein Baseball-Stipendium verloren habe, dass ich meinen Vater weinen sah."

Melissa und Jeremy arbeiten weiter daran, ihre Beziehung zu Gott zu vertiefen, und sie wissen, dass sie das nicht alleine schaffen. Sie haben sich einer kleinen Gruppe von Menschen angeschlossen, die versuchen, so wie sie sind Gott besser kennenzulernen.

Melissa meint: „Was uns nahe bei Gott hält ist die Tatsache, dass wir einander haben und dass wir Menschen in unserem Leben haben, die auf dem gleichen Weg sind."

Wir sehnen uns nach Gottes Liebe

Sich nach der Liebe anderer Menschen zu sehnen, ist eine gute Sache, auch wenn Beziehungen manchmal schrecklich schiefgehen können. Aber unser Verlangen nach menschlicher Nähe verdeckt oft eine viel tiefere Sehnsucht. Wir sehnen uns nicht nur danach, andere Menschen zu lieben und von ihnen geliebt zu werden, wir sehnen uns auch danach, Gott zu lieben und von ihm geliebt zu werden.

Einer meiner Freunde war mit einer Frau befreundet, die sich selbst als Atheistin bezeichnete. Aber sie sagte: „Wenn es mir ganz schlecht geht, dann sage ich mir selbst, dass Gott mich liebt. Das ist interessant, wenn man bedenkt, dass ich nicht glaube, dass es Gott gibt. Genauer gesagt, sage ich mir dann, dass Gott in mich verliebt ist."

Faszinierend, oder? Sie sehnt sich danach, von einem Gott geliebt zu werden, an dessen Existenz sie gar nicht glaubt!

Lesen Sie einmal, was Johannes, einer der engsten Freunde von Jesus, über Gott schreibt:

> *Gott ist Liebe.*[22]

Gott *hat* nicht nur das, wonach wir uns sehnen, er *ist* es sogar. Er ist Liebe.

Außerdem geht er uns mit seiner Liebe nach. Folgendes hat Johannes in diesem Zusammenhang noch geschrieben:

> *Das Einzigartige an dieser Liebe ist: Nicht wir haben Gott geliebt, sondern er hat uns seine Liebe geschenkt. Er gab uns seinen Sohn, der alle Schuld auf sich nahm, um uns von unserer Schuld freizusprechen.*[23]

Dass Gott uns nachgeht, hat einen Namen. Und die Person, die diesen Namen trägt, ist nicht nur herumgelaufen und hat von Liebe gesprochen, er hat sie gelebt, damit wir sie erfahren können. Gott kommt uns in Jesus entgegen.

Vielleicht lesen Sie das jetzt und denken: „Du hast keine Ahnung, in was für einem Schlamassel ich stecke. Du weißt ja gar nicht, was für ein Beziehungschaos in meiner Vergangenheit herrschte. Du hast keine Ahnung, wie sehr ich es versucht habe oder was für Enttäuschungen ich in meinen Beziehungen ständig erlebt habe.“ Sie haben recht. Das weiß ich nicht. Aber ich habe so eine Ahnung, dass Sie irgendwie immer weiter nach Liebe suchen werden. Tief in Ihrem Innersten wissen Sie, dass das Ihr Erbe ist, und Sie werden weiter danach streben.

Wenn Sie von Ihren Liebesbeziehungen gerade enttäuscht sind, dann denken Sie einmal über folgende ermutigende Worte des Apostels Paulus nach: „Und in dieser Hoffnung werden wir nicht enttäuscht werden. Denn wir wissen, wie sehr Gott uns liebt, weil er uns den Heiligen Geist geschenkt hat, der unsere Herzen mit seiner Liebe erfüllt.“[24]

Gott sagt, sollte Ihr Herz sich leer und ohne Liebe anfühlen, wird er es mit seiner Liebe füllen, wenn Sie es ihm erlauben. Als Folge davon werden Sie seine Liebe nicht nur tief in Ihrem Herzen spüren, Sie haben auch eine Quelle der Liebe, die Ihnen alles gibt, was Sie brauchen, um andere so zu lieben, wie er Sie liebt.

In dem Film „Marvins Töchter“ spielt Meryl Streep eine Frau namens Lee, deren Suche nach Liebe mit einem Desaster endet. Während sie in einer schlechten Beziehung nach der anderen nach dem perfekten Mann sucht, vernachlässigt sie ihre Familie und entfremdet sich von ihrem Sohn. Als sie erfährt, dass ihre Schwester Bessie, die von Diane Keaton gespielt wird, Leukämie hat, lässt sie sich als Knochenmarkspenderin testen. Bessie hat nie geheiratet, sondern hat sich fast ihr ganzes Leben lang um ihren bettlägerigen Vater und ihre demente Tante gekümmert, die sie inzwischen nicht einmal mehr erkennt.

Als Bessie erfährt, dass ihre Krankheit tödlich ist, bricht sie weinend zusammen und sagt: „Ich liebe sie so sehr.“

Lee erwidert darauf: „Sie lieben dich so sehr.“

Dann sagt Bessie: „Das meine ich nicht. Nein, nein … ich meine, ich liebe *sie*. Ich bin so gesegnet, weil ich jemanden so sehr lieben konnte.“[25]

Werden Sie sich öffnen, damit Gott Ihr Verlangen, andere zu lieben und geliebt zu werden, stillen kann? Im nächsten Kapitel werden Sie erfahren, wie Sie Gottes Liebe auf eine Art ausdrücken können, die Ihnen eine neue Richtung und ein neues Ziel für Ihr Leben gibt.

5 WOZU, UM ALLES IN DER WELT, BIN ICH HIER?

Wenn es Ihnen so geht wie mir, dann wissen Sie tief in Ihrem Inneren, dass Sie ganz bestimmt nicht nur für routinemäßige, nichtssagende, ewig gleiche Tage auf dieser Welt sind. Sie sind glücklich, wenn Sie spüren, dass Ihr Leben etwas bewirkt.

Natürlich kann uns dieses Verlangen nach einem Sinn im Leben zu verzweifelten Taten führen. Aber unser Schöpfer hat diesen Antrieb zu unserem Besten und zum Besten der anderen in uns hineingelegt – damit wir etwas bewirken in dieser Welt. Damit wir nach Großem streben und persönliche Erfüllung erleben. Und eben diese Sehnsucht kann uns helfen, den Weg zurück zu Gott zu finden.

Sogar als Kinder hatten wir bereits dieses Verlangen. Ich will Ihnen zeigen, was ich damit meine.

Denken Sie einmal an Ihre Kindheit zurück, als Sie etwa fünf, sechs oder sieben Jahre alt waren. Was wollten Sie werden, als Sie klein waren? Wollten Sie Arzt oder Krankenschwester werden? Oder vielleicht Lehrer? Oder Profisportler? Vielleicht auch Astronaut oder Feuerwehrmann? Haben Sie davon geträumt, berühmt zu werden?

Fragen Sie sich jetzt einmal, warum Sie als Kind überhaupt davon geträumt haben, einen Beruf zu lernen. In diesem Alter haben Sie keinen Beruf gebraucht. Sie mussten keine Verantwortung tragen oder Rechnungen bezahlen. Sie waren gerade erst dabei, das Alphabet zu lernen und Ihren Namen richtig zu schreiben! Warum sollten Sie als Kind *überhaupt* darüber nachdenken, was Sie einmal werden wollten?

Und doch hatten Sie bereits den Wunsch, in dieser Welt etwas zu erreichen.

Erwin McManus drückt es in seinem Buch „Soul Cravings“ (dt.: Verlangen unserer Seele, Anm. d. Übers.) so aus:

> *Wir können das Leben, von dem wir träumen, nur leben, wenn wir dieses unerklärliche Gefühl für unsere Bestimmung haben ...*
> *Wir alle sehnen uns danach, mehr zu werden, als wir sind. Was uns antreibt, ist das Verlangen, etwas zu erreichen, etwas zu leisten, unser Ehrgeiz. In manchen brennt dieser Wunsch mehr, in anderen weniger, aber er steckt in jedem von uns. Wir sind alle auf der Suche nach unserem ganz individuellen Lebensziel, unserer göttlichen Bestimmung.*[26]

Uns wird oft erzählt, das Leben sei das Ergebnis eines großen, kosmischen Zufalls und wir seien das Ergebnis einer Milliarden von Jahren andauernden Kette von Zufällen. Was wäre Ihnen lieber – dass Ihre Existenz purer Zufall ist, oder dass Sie mit einem bestimmten Ziel geschaffen wurden? Ich glaube nicht, dass irgendjemand nur als zufälliger Fleck auf dem großen Radar des Universums durch das Leben gehen will.

Im Alten Testament sprach Gott zu einem Mann namens Jeremia und zeigte ihm, wie er von Anfang an eine ganz persönliche Bedeutung in ihn hineinprogrammiert hatte.

Ich habe dich schon gekannt,
ehe ich dich im Mutterleib bildete,
und ehe du geboren wurdest,
habe ich dich erwählt.[27]

Was ist Ihre spontane Reaktion auf diese Worte? Auch wenn Sie sich nicht sicher sind, ob es wirklich einen Gott gibt, und auch wenn Sie glauben, das Leben sei nur ein kosmischer Zufall, glaube ich, dass etwas in Ihnen hofft, dass diese Worte wahr sind. Es wäre wirklich schön zu wissen, dass wir aus einem ganz bestimmten Grund hier auf der Erde sind – wie Jeremia.

Natürlich wird diese Überzeugung manchmal sehr infrage gestellt – auch bei den Berühmten und Erfolgreichen.

Es gibt noch etwas Größeres

Kurz nachdem der Quarterback Tom Brady zum dritten Mal mit den *New England Patriots* den *Superbowl* gewonnen hatte, interviewte Steve Kroft ihn in der Nachrichtensendung *60 Minutes*. An einer Stelle sprach Brady in dem Interview über seine Suche nach Erfüllung.

Kroft: „Was haben Sie während Ihrer steilen Karriere über sich selbst gelernt? Welche Wirkung hat das auf Sie?"

Brady: „Nun, ich habe mich selbst ungeheuer unter Druck gesetzt. Wenn man das Gefühl hat, letztlich für alles und jeden verantwortlich zu sein, … setzt einen das sehr unter Druck. … Warum habe ich dreimal den Superbowl gewonnen und glaube immer noch, dass es da draußen noch etwas Größeres für mich gibt? Viele Leute würden vielleicht sagen: ‚Mann, mehr geht nicht.' Ich habe mein Ziel erreicht, meinen Traum erfüllt, mein Leben gelebt. Ich denke: *Gott, es muss doch mehr geben als das. …*" (Hervorhebungen vom Autor)

Kroft: Und was ist die Antwort darauf?

Brady: Ich wünschte, ich wüsste es. Ich wünschte, ich wüsste es.[28]

Trotz seiner unglaublichen Errungenschaften, die ihm großen Reichtum und Berühmtheit einbrachten, suchte Tom Brady nach mehr. Jedenfalls war das an jenem Tag der Fall.

Wenn unser Erfolgsstreben darauf ausgerichtet ist, jemand anderem als Gott zu gefallen, werden wir immer nach mehr suchen.

Der Medienmogul und frühere Eigentümer der *Atlanta Braves Baseballmannschaft*, Ted Turner, wuchs in einem Elternhaus auf, in dem der Vater manisch-depressiv war und mit Alkoholproblemen kämpfte. Turners Vater war extrem streng, denn er glaubte, wenn er seinem Sohn seine Zuneigung vorenthielte, würde ihn das dazu bringen, sich mehr anzustrengen und letztlich erfolgreich zu sein.

Fast zwanzig Jahre nachdem sein Vater sich das Leben genommen hatte, hielt Turner eine Rede. Mittendrin hielt er inne und holte eine Ausgabe des *Success Magazine* heraus, auf dessen Titelseite sein Foto abgebildet war. Er sah zum Himmel und flüsterte: „Ist das genug für dich, Vater?“[29]

Für viele von uns ist Erfolg vielleicht kein Thema. Die ständigen Anforderungen unseres Alltags halten uns davon ab, unsere wahre Berufung zu entdecken.

Haben Sie schon einmal jemanden sagen hören: „Du arbeitest dich noch zu Tode.“? Offensichtlich kann das tatsächlich passieren. Vor Kurzem fand man einen Praktikanten der Bank von Amerika in seinem Apartment in London tot auf. Nachdem er wochenlang Tag und Nacht gearbeitet hatte, war er unter der Dusche zusammengebrochen und an einem epileptischen Anfall gestorben.[30]

Vielleicht haben Sie das Gefühl, dass es das tägliche Einerlei ist, das Sie davon abhält, Ihre wahre Bestimmung zu entdecken: Rechnungen bezahlen, Arbeit erledigen, stempeln beim Kommen, stempeln beim Gehen.

Mike Breaux, ein Freund von mir, beklagte sich einmal darüber, dass er Tag für Tag die gleichen ollen Dinge tun musste. Er erklärte das so: „Man steht zur gleichen ollen Zeit auf, geht in das gleiche olle Bad, sieht das gleiche olle Gesicht im gleichen ollen Spiegel, geht unter die gleiche olle Dusche, trocknet sich mit dem gleichen ollen Handtuch ab und zieht die gleiche olle Hose an. Man geht in die gleiche olle Küche, holt sich das gleiche olle Messer, schmiert sich das gleiche olle Brötchen, trinkt den gleichen ollen Kaffee und gibt der gleichen ollen Frau einen Abschiedskuss." (Das hat *er* gesagt, nicht ich!)

Dann fuhr er fort: „Man fährt mit dem gleichen ollen Auto die gleiche olle Straße entlang zum gleichen ollen Job, lacht über die gleichen ollen Witze, die der gleiche olle Chef macht. Man stempelt zur gleichen ollen Zeit aus, fährt im gleichen ollen Auto nach Hause, fährt die gleiche olle Straße entlang, fährt in die gleiche olle Garage, umarmt die gleichen ollen Kinder, geht in die gleiche olle Küche und setzt sich hin, um das gleiche olle Abendessen zu essen."

Schließlich meinte Mike: „Man sitzt im gleichen ollen Sessel, sieht die gleiche olle Fernsehsendung, schläft im gleichen ollen Sessel ein, muss dann aufstehen, um sich in das gleiche olle Bett zu schleppen, stellt der gleichen ollen Frau die gleiche olle Frage, bekommt die gleiche olle Antwort, dreht sich um, stellt den gleichen ollen Wecker und steht dann am nächsten Tag auf – und macht die gleichen ollen Dinge wieder von vorne!"

Stecken Sie auch in dieser *gleichen ollen* Tretmühle? Ich weiß, dass Sie die Rechnungen bezahlen müssen und für gewisse Dinge verantwortlich sind. Aber wenn Sie immer wieder das machen, was Sie immer machen, dann werden Sie immer wieder das erreichen, was Sie immer erreichen.

Es ist nicht schwer zu verstehen, warum wir zutiefst ernüchtert sein können und uns dann fragen: „Ist das wirklich alles? Ist es das, wofür ich all die Jahre so hart gearbeitet habe? Es muss doch mehr geben!"

Und es gibt mehr. Es fängt mit der Wahrheit über Ihren eigentlichen Wert und Ihr wahres Ziel an.

Sie sind ein Meisterwerk

Für den verlorenen Sohn in Jesu Geschichte war ein Leben *in Saus und Braus* das Ziel. (Viele von uns haben diese Phase durchlebt.) Aber der Sohn stellte schließlich fest, dass es zu einer inneren Leere führte, die man erst dann spürt, wenn man den Spaß zum eigentlichen Ziel macht.

Erfüllung findet man nicht in ich-zentrierten Bestrebungen. Man findet sie, wenn man etwas tut, das eine Bedeutung jenseits unserer selbst hat.

So wie Gott Jeremia schon kannte, bevor er ihn im Mutterleib bildete, so kannte er auch Sie schon, bevor Sie gezeugt wurden, und er hatte schon vor Ihrer Geburt ganz besondere, heilige Pläne für Ihr Leben. Die folgenden Worte des Apostels Paulus regen mich jedes Mal, wenn ich sie höre, dazu an, aus dieser *gleichen ollen* Routine auszubrechen:

> *Wir sind sein [Gottes] Werk, durch Jesus Christus neu geschaffen, um Gutes zu tun. Damit erfüllen wir nur, was Gott schon im Voraus für uns vorbereitet hat.*[31]

Brechen wir das einmal auf unser Leben herunter:

Da wäre zuerst das Wort *Werk*. Im griechischen Urtext steht da *poiema*. Nach welchem Wort klingt das? Nach Poesie, oder? Es ist ein Begriff aus der Kunst. Dahinter steht der Gedanke, dass Sie keine

Massenware sind. Gott hat Sie ganz individuell, einzigartig, poetisch gemacht. Gott sagt: „Du bist ein Werk!“ Und wenn er das sagt, dann meint er damit, dass er Sie persönlich erschaffen und geformt hat und dass Sie ein Kunstwerk sind.

Sie sind kein Kunstwerk, das man nur an die Wand hängt, damit jemand es bewundert. Sie sind ein Kunstwerk, „geschaffen, um Gutes zu tun.“ Mit anderen Worten, Gott sagt hier, dass er Sie mit einem ganz bestimmten Ziel erschaffen hat, nämlich um gute Werke zu tun, die in Zusammenhang stehen mit dem großen Plan, den er mit dieser Welt hat. Bei dem *Guten*, zu dem Sie erschaffen wurden, geht es also darum, das zu erreichen, was Gott sich bei Ihrer Erschaffung gedacht hat! Das ist Ihr Erbe.

Sagen Sie es einmal laut: „Es muss mehr geben.“ Gott selbst hat dieses Verlangen in Sie hineingelegt. Wenn Sie den Weg zurück zu ihm finden, wird er Ihnen das Ziel Ihres einzigartigen Lebens zeigen, das er sich ganz individuell für Sie ausgedacht hat. Sie werden es erkennen, wenn Sie merken, dass Sie ein Leben führen, in dem es um mehr geht als nur um Sie.

Wo die Freude der Not der Welt begegnet

Vor einigen Jahren aß ich einmal mit meinem Freund und Mentor, Bob Buford, zusammen zu Abend. Bob leitete lange Zeit ein erfolgreiches Kabelfernsehunternehmen. Nachdem sein Sohn, Ross, auf tragische Weise ums Leben gekommen war, kam Bob in seinem Leben an einen Punkt, den er *Halbzeit* nannte. Er schrieb ein Buch mit diesem Titel, in dem er erzählt, wie er dazu kam, sein Augenmerk nicht mehr auf den Erfolg zu richten, sondern darauf, ein Leben mit Bedeutung zu führen. Was Bob bei jenem Abendessen sagte, ist mir seither nicht mehr aus dem Kopf gegangen: „Eine der großen Ängste der Menschen ist, pleitezugehen. Aber das ist nicht ihre *größte* Angst. Eine andere große Angst ist die Angst vor dem Sterben, aber auch das ist nicht ihre *größte* Angst." Er hielt inne und sagte dann: „Tief in unserem Innersten ist unsere *größte* Angst, bedeutungslos zu sein, am Ende unseres Lebens das Gefühl zu haben, dass wir nie etwas von Bedeutung getan haben. Das ist unsere *größte* Angst."

Haben Sie das Gefühl, in einer ollen Tretmühle festzustecken? Spüren Sie tief in Ihrem Inneren, dass es noch mehr geben muss? Der Theologe und Autor Frederick Buechner weist uns in die richtige Richtung. Er schreibt: „Der Ort, an den Gott Sie ruft, ist der Ort, an dem sich Ihre größte Freude und der größte Hunger dieser Welt begegnen."[32]

Dort kommen Sie nicht alleine hin. Aber wenn Sie sich mit mir auf den Weg zu Gott machen, wird er Sie an jene Kreuzung bringen, wo sich Ihre Freude und die Not der Welt begegnen. Das ist die Macht einer Sehnsucht, die auf Gott gerichtet ist.

Im nächsten Kapitel kommen wir zu einer anderen Art von Sehnsucht – der Sehnsucht, das Leben zu verstehen. Es geht darum zu wissen, dass das Leben einen Sinn hat, und zwar nicht nur, wenn es gut läuft, sondern auch, wenn es absolut schiefläuft.

6 DIE UNBEANTWORTETEN FRAGEN NACH DEM „WARUM"

Ein Unternehmen, das Fernkurse verkauft, sagt, wenn Sie gute Eltern oder ein guter Lehrer sein wollen, müssen Sie die Warum-Fragen der Kinder beantworten können. Und das sind einige der Warum-Fragen, die man ihrer Ansicht nach beantworten können muss:

Warum habe ich einen Schatten?
Warum weht der Wind?
Warum hüpfen Bälle?
Warum hast du Mundgeruch, Papa?
Warum hat Opa graue Haare?
Warum hat Oma blaue Haare?
Warum hat das Kamel Höcker?
Warum bellen Hunde?
Warum haben Katzen Schnurrhaare?

Für die Kleinigkeit von 19,95 Dollar können Sie von dieser Firma einen Kurs erstehen, der alle Warum-Fragen Ihres Kindes beantwortet.

Ganz gleich wie alt wir sind, wir alle haben ein unersättliches

Verlangen danach, Warum-Fragen zu stellen. Als Erwachsene sind unsere Warum-Fragen nur etwas komplizierter: „Warum hat Gott ihn nicht geheilt? Warum musste sie gehen? Warum ist mein größter Traum gestorben?"

Ich kann mir vorstellen, dass in dem Sohn in Jesu Geschichte einige Fragen aufkamen, nachdem er sein Erbe in den Sand gesetzt hatte und sein Abenteuer übel endete. Eine Hungersnot kam über das Land und er hatte weder Geld noch etwas zu essen.

„In seiner Verzweiflung bettelte er so lange bei einem Bauern, bis der ihn zum Schweinehüten auf die Felder schickte. Oft quälte ihn der Hunger so, dass er sogar über das Schweinefutter froh gewesen wäre. Aber nicht einmal davon erhielt er etwas."[33]

Unsere Wut, Enttäuschung und Sorgen in Bezug auf die Warum-Fragen können uns von Gott fortziehen, bis wir verloren sind und ihn vergessen. Jon und ich haben festgestellt, dass wahrscheinlich die Warum-Fragen mehr als jede andere Sehnsucht die Menschen von Gott fernhalten.

Aber es gibt auch gute Nachrichten. Eben dieses tiefe Bedürfnis nach Gerechtigkeit, Güte und Heilung kann uns auch helfen, die Entfernung zwischen uns und Gott zu überwinden und durch den Glauben wieder mit ihm verbunden zu sein.

Wenn Gott allmächtig ist und uns liebt ...

Eine der schwierigsten Fragen, die wir auf unserem Weg zurück zu Gott stellen können, ist: „Warum lässt Gott das Leid zu?"

Nachdem ein Tsunami Südostasien getroffen und mehr als eine Viertel Million Menschen getötet hat, muss sich wohl mehr als einer gesagt haben: „Wenn Gott allmächtig ist und uns liebt, hätte er diesen Tsunami verhindern müssen, aber er hat es nicht getan. Also entweder *konnte* er es, *hat* es aber nicht getan, oder er *wollte* es, *konnte* es aber nicht. Beides geht nicht." Das ist nicht nur eine große philosophische und theologische Frage. Es ist auch eine ganz persönliche Frage.

Ricks früheste Kindheitserinnerungen handeln von ihm, seiner Schwester und seiner Mutter, wie sie alle von seinem Vater geschlagen wurden. Als Rick acht Jahre alt war, wendete sich völlig überraschend das Blatt, als sein Vater beschloss, Jesus nachzufolgen. Er wurde ein anderer Mensch. Doch ironischerweise führte diese Veränderung im Leben seines Vaters dazu, dass Rick sich von Gott abwandte.

Er sagt: „Ich fing sogar an, Gott zu hassen. Ich konnte nicht verstehen, wie er meinem Vater vergeben konnte, nach allem, was er uns angetan hatte."

Der Groll schwelte in ihm und Rick entfernte sich immer mehr von Gott. Aber sein Hass und seine Wut waren nicht nur gegen Gott gerichtet. Er sagt, es habe nur eine Handvoll Menschen gegeben, die er nicht verachtete.

Einer dieser Menschen war Mandy. Sie hatte etwas ganz Besonderes an sich. Rick sagt: „Mir fiel auf, dass Mandy, wenn sie betete, tatsächlich glaubte, dass sie mit Gott sprach, und sie erlebte, wie die Dinge tatsächlich passierten. Sie fing an, meine Hoffnung auf Gott wieder neu zu wecken, und half mir zu verstehen, warum Gott meinem Vater vergeben hat."

Schließlich heiratete Rick seine Freundin Mandy. Ihr Eheversprechen „in Krankheit und Gesundheit" zusammenzubleiben, wurde schneller auf die Probe gestellt, als irgendjemand gedacht hätte. Nur sechs Stunden nach der Trauung hatte Mandy einen Schlaganfall und kam sofort ins Krankenhaus. Rick erinnert sich noch: „Ich habe meine Hochzeitsnacht in meinem Auto auf dem Parkplatz vor dem Krankenhaus verbracht, habe hemmungslos geweint und Gott gefragt: ‚Warum heute? Warum überhaupt? Warum wir? Was machst du da, Gott?'"

Als Antwort bekam er nur Schweigen.

Der Verlust von Walt

Während ich dieses Buch schrieb, wurde ich mit einigen meiner eigenen unbeantworteten Fragen konfrontiert.

Einige Jahre musste ich zusehen, wie mein Schwiegervater Walt gegen den Fluch der Demenz kämpfte. Im Anfangsstadium bekam ich mit, wie er dasaß, den Kopf in die Hände gestützt, und sich laut fragte: „Warum funktioniert mein Gehirn nicht richtig?" Später dann erhielt meine Frau Sue Anrufe von ihm, weil er sich über eingebildete Dinge Sorgen machte – zum Beispiel, dass seine Wohnung im zweiten Stock unter Wasser stehen, er pleite sein oder die Königsfamilie zu Besuch kommen könnte und er hätte nichts zu essen da. Jede dieser Ängste war nur ein Streich, den die Krankheit dem Gehirn dieses braven Mannes spielte.

Walt war nicht nur mein Schwiegervater, er war auch für meine Frau ein großartiger Vater, ein vorbildhafter Großvater für unsere Kinder und jemand, den ich liebte. Er und seine 75-jährige Frau Lola verbrachten jedes Jahr entweder Weihnachten oder Ostern mit uns und vergaßen nie die Geburtstage der Kinder. Viele Jahre war er ein erfolgreicher Verkäufer gewesen und immer großzügig. Walt gab uns sogar einen Scheck für die Anzahlung zu unserem ersten Haus.

Und jetzt wurde er von Demenz geplagt. Für meine Frau war es schrecklich und auch mir tat es weh. Wir fragten beide Gott: „Warum lässt du solches Leid zu?" und „Warum er?" Es ging so weit, dass wir anfingen zu beten: „Gott, wenn du Walt nicht heilst, dann nimm ihn einfach zu dir." Es schien, als sei Gott nicht da, oder *wenn* er da war, als interessierte es ihn nicht.

Walt ist inzwischen gestorben. Er ist im Himmel, wo sein Gehirn perfekt funktioniert, und wir sind froh darüber. Aber ehrlich gesagt fragen wir uns immer noch, warum er all das durchmachen musste.

So war es nicht gedacht

Wenn wir fragen: „Warum lässt Gott Leid zu?", sagen wir damit, dass ein liebender Gott niemals eine Welt mit so viel Leid erschaffen würde. Und damit haben wir absolut recht. Das Leid, das wir jeden Tag in den Nachrichten sehen und das wir aus eigener Erfahrung kennen, ist nicht die Welt, die Gott erschaffen hat.

Wie ich bereits erwähnt habe, heißt es im Schöpfungsbericht im 1. Buch Mose: „Dann betrachtete Gott alles, was er geschaffen hatte, und es war sehr gut!"[34] Gott hat die Welt gut gemacht, und in diesem Fall heißt *gut* ohne Mängel und Fehler. Keine Krankheit. Kein Leid. Kein Tod. Keine Trauer. Keine Einsamkeit. Keine Gewalt. Das ist die Welt, die Gott erschaffen hat. Und trotzdem wissen wir, dass auf der ganzen Welt die Menschen nicht das erleben, was sie als *gutes* Leben bezeichnen würden.

Warum ist das so?

In dem Film *Bruce Allmächtig* ärgert sich Bruce (Jim Carrey) darüber, wie sein Leben verläuft, und gibt Gott die Schuld dafür. Daraufhin gibt Gott (Morgan Freeman) Bruce gottähnliche Macht.

Anfangs gefällt Bruce seine neue Macht und schnell nutzt er seine Fähigkeiten zu seinem eigenen Vorteil aus. Aber schon bald merkt er, dass es sehr kompliziert ist, auf dieser göttlichen Ebene Entscheidungen zu treffen.

Als er frustriert ist, weil es ihm nicht gelingt, die Liebe seiner Freundin Grace zurückzugewinnen, stellt er Gott folgende Frage: „Wie schaffst du es, dass dich so viele Menschen lieben, ohne ihren freien Willen zu beeinflussen?"

Gott antwortet: „Willkommen in meiner Welt, mein Sohn. Wenn du darauf eine Antwort hast, sag mir Bescheid."[35]

Tatsache ist, dass es keine einfachen Antworten auf die Frage nach dem Leid gibt. Die Philosophen wissen das, die Börsenmakler an der Wall Street wissen das und der Mann an der Autowaschanlage weiß es. In der Bibel ringt ein ganzes Buch (Hiob) mit der Frage, warum guten Menschen schlimme Dinge passieren, und Gottes Antworten für Hiob sind fast ausnahmslos – vielleicht ahnen Sie es schon – noch mehr Fragen.[36]

Wir müssen hier demütig und feinfühlig sein. Wenn Sie krebskrank wären, würden Sie auch nicht wollen, dass ein Besucher in Ihr Zimmer kommt, während Sie gerade für die Chemo vorbereitet werden, und sagt: „Kopf hoch, Kleiner. Alles wird gut." Und Sie sollten den beiden Pastoren aus Chicago besser nicht glauben, wenn sie behaupteten, sie hätten die Patentantwort auf die Frage nach dem Leid und dem Bösen in der Welt.

Aber graben wir noch ein bisschen tiefer.

Entscheidungsfreiheit

Als Gott uns schuf, hat er uns nicht als Marionetten oder Roboter geschaffen. Unser liebender Gott, der möchte, dass wir seine Liebe erwidern, schuf eine Welt ohne Leid. Aber wir wissen, dass es keine echte Liebe ohne Entscheidungsfreiheit gibt. Er lässt uns die Wahl, zu ihm zurückzukehren, aber er drängt sich uns nicht auf. Er hat uns schon immer die Freiheit gelassen, uns selbst dafür zu entscheiden, ihn zu lieben und ihm zu folgen oder ihn nicht zu lieben und ihm nicht zu folgen.

Leider hat sich die Menschheit von ihrem himmlischen Vater abgewandt, und als sie das tat, brach die Hölle los. Das Ergebnis waren Beziehungsstreitigkeiten und geistlicher Zerbruch. Der Apostel Paulus schreibt, dass die ganze Schöpfung vergänglich geworden ist, weil die Menschen sich entschieden haben, sich von Gott abzuwenden.[37]

Als die ersten Menschen Gott zurückwiesen, fragte Gott: „Was hast du da getan?"[38] Er fragte das nicht, weil er nicht wusste, was sie getan hatten. Das wusste er natürlich. Er fragte: „Was hast du getan?", weil er enttäuscht war, so wie der Vater eines Teenagers diese Frage stellen würde, wenn er nach Hause käme und seine Wohnung wäre ein einziges Chaos.

Die traurige Wahrheit ist, dass das meiste menschliche Leid direkt oder indirekt eine Folge menschlicher Entscheidungen ist, die Gottes Absichten mit dieser Welt entgegenstehen. Wann immer jemand Opfer von Missbrauch, Kriminalität, Krieg oder Gewalt wird, handelt irgendwo irgendjemand Gottes Absichten und seinem Traum für diese Welt zuwider.

Sie lesen das jetzt vielleicht und denken: „Aber was ist mit dem Leid, das nicht durch menschliche Entscheidungen verursacht wird? Was ist mit Hungersnöten wie der in Somalia im Jahr 2011?" Man ging davon aus, dass das die schlimmste Dürre der letzten 60 Jahre in Afrika war. Bis zu elf Millionen Menschen waren von schwerer Unterernährung und dem Hungertod bedroht. Wir könnten fragen: „Warum lässt Gott es nicht einfach regnen und macht dem Hunger ein Ende? Er braucht doch nur mit dem Finger zu schnipsen."

In Wirklichkeit war die Dürre aber nicht der einzige Grund für die Hungersnot. Wir produzieren auf unserem Planeten mehr als genug Nahrung, um jeden einzelnen der weltweit über sieben Milliarden Menschen täglich mit fast 3000 Kalorien zu versorgen. Nahrungsmittelknappheit ist also nicht das eigentliche Problem.

Das eigentliche Problem, das verhindert, dass die Nahrungsmittel dorthin gelangen, wo die Menschen hungern, ist eine Kombination aus politischer Korruption, Habgier und Unwissenheit. Das ist die Folge, wenn wir uns von Gott abwenden. Er schuf die Welt so, wie wir denken, dass sie ein liebender Gott schaffen sollte. Das meiste Leid, das wir heute sehen, ist die Folge unserer eigenen Taten.

Warum greift Gott nicht ein?

Die Frage, die ganz natürlich daraus folgt, ist: „Gott *könnte* etwas dagegen tun, warum *tut* er es dann nicht?“ Tatsache ist, dass Gott dabei ist, etwas zu tun. Er wirkt auf der ganzen Welt durch großartige Initiativen und gemeinnützige Organisationen. Er wirkt auch durch einzelne gutherzige Menschen oder durch Gemeinden. Es ist der Auftrag der Kirche, Menschen zu erreichen, die sich von Gott entfernt haben, und Gottes Traum für diese Welt und die Menschen wiederherzustellen.

Wenn Sie Menschen in einer lebendigen Glaubensgemeinschaft erleben, die sich für ihr Umfeld engagieren, dann sehen Sie keine Menschen, die einfach nur Kindern Schulbrote, Schulsachen und Schuhe geben, Sie sehen Menschen, die sich dafür einsetzen, Gottes Traum für diese Welt wiederherzustellen. Sie tun nicht nur etwas Gutes, Gemeinnütziges, sie wollen mithelfen, die Welt wieder so zu machen, wie sie ganz am Anfang war und wie sie sein wird, wenn Jesus einmal wiederkommt, um diese Welt wieder ganz zu ihrer ursprünglichen Bestimmung zu führen. Gott hat seine Vision für diese Welt nicht aufgegeben und wir müssen das auch nicht.

Machen wir es zu unserer persönlichen Angelegenheit

Ich hoffe, dass manches von dem, was Sie bis jetzt gelesen haben, dazu beiträgt, etwas von dem Berg an Fragen darüber, warum ein guter Gott so viel Schmerz und Leid in unserer Welt zulässt, abzutragen. Aber eine viel persönlichere und wahrscheinlich auch schmerzhaftere Frage bleibt noch: Wie gehen wir mit dem Preis um, den unser persönliches Leid auf dem Weg zu Gott von uns fordert? Anders ausgedrückt: Wie können Sie verhindern, dass Sie durch Ihr eigenes Leid oder Leid in Ihrem unmittelbaren Umfeld in diesen Fragen steckenbleiben und nicht weiterkommen?

Wenn Sie wegen dem Leid, das Sie sehen, oder wegen Ihrer eigenen leidvollen Erfahrungen nicht glauben, dass es einen Gott gibt, kann ich das verstehen. Aber wenn es keinen Gott gibt, wer kann dann sagen, dass Leid falsch ist und dass es Leid nicht geben dürfte? Mit anderen Worten: Wenn die Welt nur ein großer kosmischer Zufall ist, ohne jeden Sinn, und das Leben einfach nur das Überleben der Stärksten, warum sollten dann diejenigen, die leiden, denken, dass Leiden falsch ist und dass es gar kein Leid geben sollte?

Es gibt einen Grund dafür, dass Sie glauben, Ihr Leben und die Welt seien nicht so, wie sie sein sollten. Es gibt einen Grund dafür, dass Ihr Leid nicht nur schmerzt, sondern sich auch falsch und ungerecht anfühlt. *Gott hat Ihnen dieses Empfinden gegeben.* Ihr Verlangen, Ungerechtigkeit beseitigt zu sehen und dem Leid ein Ende zu setzen, gehört zu Ihrem Erbe als Kind Gottes.

Den guten Gott in seinen Kindern erkennen

Rick sagt noch heute, dass er keine Antwort auf seine Frage gefunden hat: „Warum lässt Gott es zu, dass meine Frau am Abend unserer Hochzeit einen Schlaganfall erleidet?" Aber Rick sagt auch, dass Gott sich ihm inmitten dieser unvorstellbaren Krise gezeigt hat.

Er erzählt: „Als ich schließlich aus dem Auto stieg und am Abend meiner Hochzeit ins Krankenhaus zurückging, waren siebzig meiner engsten Freunde und Angehörigen im Wartebereich, um mir beizustehen. Ein paar Freunde hatten Gitarren mitgebracht, und ehe ich mich versah, fand dort im Wartebereich und auf dem Flur eine regelrechte Gebets- und Anbetungszeit statt."

Die Genesungszeit war schwer für Mandy und Rick, aber Gott zeigt ihnen immer wieder seine Liebe. Menschen haben ihre Miete bezahlt, ihre Arztrechnungen, ihre Handyrechnungen, haben Lebensmittel gekauft, ihre Autoversicherung und die Therapie bezahlt und es ihnen ermöglicht, miteinander auszugehen. Rick sagt, dass diese Erfahrung seinen Glauben an Gott sogar noch vertieft hat.

Rick erzählte Jon: „Nachdem ich so deutlich erlebt habe, wie Gott durch Menschen handelt, weiß ich drei Dinge ganz sicher: Auch wenn ich ihn nicht verstehe, ist Gott doch weise und *weiß*, was am besten ist. Er ist großzügig und *gibt* uns das, was am besten ist. Und er liebt uns und *tut* das, was am besten ist. Ich kann zwar nicht behaupten, dass ich wüsste, warum Gott zugelassen hat, dass uns das alles passiert ist, aber nachdem ich es durchlebt habe, kann ich sagen, ich würde das Wissen, dass Gott unvergleichlich gut ist, nicht gegen einen schöneren Beginn unserer Ehe eintauschen wollen. So schwer es auch war, so hat es uns doch etwas gegeben, das uns niemand mehr nehmen kann."

Näher zu Gott

Dietrich Bonhoeffer schrieb folgende Worte aus seiner Todeszelle: „... nur der leidende Gott kann helfen."[39] Dass Jesus am Kreuz gelitten hat, ist vielleicht noch keine Begründung für unser Leid und unseren Schmerz, aber ich glaube, es zeigt uns, was der Grund dafür *nicht* ist. Der Grund dafür ist *nicht*, dass Gott uns nicht liebt. So schrecklich das Kreuz, an dem Jesus starb, auch war, es zeigt Gottes Liebe zu dieser Welt. Das Kreuz zeigt, dass Gott nicht gefühllos oder gleichgültig ist. Das Kreuz bedeutet, dass Jesus für uns das Äußerste an Leid durchlebt hat.

Für mich sind Bonhoeffers Worte sehr tröstlich. Er wusste, auch wenn es auf eine ungerechte Inhaftierung, die quälende Demenz eines braven Mannes oder sonst irgendein Leid keine offensichtliche Antwort gibt, so ist Gott in Jesus doch bei uns und zeigt uns einen Weg hindurch.

Ich weiß nicht, was Sie gerade durchmachen. Und ich will auch nicht so tun, als hätte ich die Antwort auf alles Leid dieser Welt parat.

Ich bete, dass auch Sie auf Ihrem Weg zurück zu Gott sehen, wie er in Jesus in unser Leid gekommen ist, um etwas Gutes daraus zu machen.

Leid und Schmerz lassen es so aussehen, als wäre Gott nicht da oder als sei es ihm egal. Aber Jesus ist es nicht egal! Er kam in diese Welt, um uns zu zeigen und vorzuleben, wie Gott ist und wie auch er mit den unbeantworteten Fragen des Lebens ringt. Aber vor allem ist er gekommen, um uns zu zeigen, dass eben diese Fragen dazu da sind, uns näher zu ihm zu ziehen, und nicht, um uns von ihm wegzutreiben.

Es muss mehr geben. Das ist die instinktive Reaktion auf ein Leben ohne Gott. Unsere Sehnsucht nach mehr, nach etwas Besserem, wird uns zu Gott treiben, wenn wir es zulassen. Er ist das fehlende Teil in unserem Leben.

Der nächste Schritt nach dieser Erkenntnis ist das Verlangen, echte Veränderung in uns selbst zu erleben.

DAS ERWACHEN DER REUE:

ICH WÜNSCHTE, ICH KÖNNTE NOCH EINMAL VON VORNE ANFANGEN.

Jetzt kam er zur Besinnung.

Lukas 15,17 (NGÜ)

7 *Zoe* – Eine Art von Leben

In unserer Geschichte hatten wir es zu Beginn mit einem jungen Reisenden zu tun, der dachte, er wüsste, was er will. Es war ganz einfach: Er empfand plötzlich eine Sehnsucht nach etwas Besserem, etwas Aufregenderem, etwas Erfüllenderem als das, was er zu Hause bei Papa hatte. Und er nahm sich vor, so lange wie nötig danach zu suchen und so weit wie nötig zu gehen, um es zu finden.

Kennen Sie dieses intensive Verlangen, das ihn antrieb? Ich schon. Ich habe es selbst oft so beschrieben: „Es muss doch mehr geben!"

Der Versuch, dieses Verlangen zu stillen, hatte ihn von seinem Zuhause weggetrieben, hin zu einem guten Leben. Mal ehrlich: Es – war – cool. *Fantastisch!*

Am Anfang.

Aber dann wendete sich das Blatt. Die Party war vorbei und am anderen Morgen war nur noch ein Zimmer voller leerer Flaschen übrig und eine Telefonnummer, die mit Lippenstift auf den Spiegel im Bad geschrieben worden war. Er verspürte eine schreckliche innere Leere. Das Leben, das er sich gewünscht hatte, erwies sich als das Leben, das er jetzt hasste.

Und dann war er pleite.

Der junge Mann war so verzweifelt, dass er eine Stelle als Schweinehirte annahm. Er war so hungrig, dass die Pampe, die er den Schweinen vorsetzte, anfing, lecker auszusehen. Aber ihm wurde nicht einmal erlaubt, das Schweinefutter zu essen.

Das nennt man *am Boden zerstört*. Erst dort unten am *Boden* begann sich für den jungen Mann das Blatt zu wenden.

Mit den Worten aus Jesu Geschichte ausgedrückt: „Jetzt kam er zur Besinnung.“ Um in unserem Thema zu bleiben, gab es für ihn ein neues Erwachen. Erkennen Sie es? Beim ersten Mal war es das Erwachen der Sehnsucht nach mehr. Diesmal war es ein Erwachen von etwas ganz anderem.

> *Jetzt kam er zur Besinnung. Er sagte sich: „Wie viele Tagelöhner hat mein Vater und alle haben mehr als genug zu essen! Ich dagegen komme hier vor Hunger um.“*[40]

Diesmal wurde ihm klar, wie sehnlich er sich wünschte, nach Hause zu gehen und von vorne anzufangen. Aber wie konnte er das? Er hatte schließlich seinen Anteil an seinem Zuhause bereits bis auf den letzten Cent verprasst.

Und das bringt uns zum zweiten Erwachen – der zweite wichtige Durchbruch auf unserem Weg zurück zu Gott. Jon und ich nennen es das *Erwachen der Reue*.

Eines trüben Morgens schaut man auf sein Leben zurück und stellt fest, dass man bei aller Anstrengung doch nur Mist gebaut hat. Man ist völlig enttäuscht und bereut es. Und jetzt, wo man die Dinge klarer sieht, hätte man gerne eine zweite Chance. Aber man weiß nicht, ob man sie bekommt.

Warum auch, wenn man so darüber nachdenkt?

Ich wünschte, ich könnte von vorne anfangen

In jedem von uns steckt die Ahnung, dass Güte und Liebe die Grundlage unseres Lebens sind und wir dafür geschaffen sind, diese beständig zu erleben. Wenn wir ganz unten angekommen sind und merken, wie sehr wir unser Leben vermasselt haben und wie sehr das Leben uns gebeutelt hat, dann sagen wir: „Ich wünschte, ich könnte von vorne anfangen."

Ist es möglich, dass Sie gerade das Erwachen der Reue erleben? Möchten Sie jetzt gerne von vorne anfangen?

Sie können von vorne anfangen. Ihre Intuition, die Ihnen sagt, dass Ihr Ursprung in Güte und Liebe zu finden ist, hat recht. Gott kann es Ihnen tatsächlich ermöglichen, dass Sie von vorne anfangen.

Deshalb ist der nächste Schritt auf Ihrer geistlichen Reise dieses Gebet:

Gott, wenn es dich gibt,
dann zeig dich mir.
Zeige mir die Möglichkeit,
mit dir noch einmal ganz von vorne anzufangen.

Fangen Sie jeden Tag mit diesem Gebet an. Beenden Sie jeden Tag mit diesem Gebet. Machen Sie jedes bisschen Bedauern und jeden Anflug von Reue zur Triebkraft für dieses Gebet des Neuanfangs. Sprechen Sie es, so oft es Ihnen einfällt. Gott hört zu. Beten Sie weiter.

Und bitte lesen Sie auch weiter, denn Sie sind kurz davor, eine verblüffende Entdeckung zu machen.

Wenn sie von vorne anfangen wollen, kehren die meisten Menschen einfach zu dem Leben um, das sie hatten, bevor alles den Bach hinunterging. Aber Gott hat andere Pläne. Er will uns nicht nur helfen, zu jenem besseren Leben zurückzufinden, das wir uns ausmalen, wenn wir unter den Schweinen leben.

Er will, dass wir ein völlig neues Leben führen.

Wo Bios auf Zoe trifft

Ich höre oft, dass Menschen ihren Weg zurück zu Gott als *lebensverändernd* beschreiben. Genau das verspricht uns Gott – ein anderes Leben als das, das wir kennen.

Jesus erklärte seinen Nachfolgern, dass es lebensverändernd ist, wenn man seinen Weg zurück zu Gott findet. Es verändert nicht nur unsere Zukunft, sondern auch die Vergangenheit und die Gegenwart. Jesus sagt über die Menschen, die ihn kennen und lieben:

> *Ich aber bin gekommen, um ihnen Leben zu bringen – Leben in ganzer Fülle.*[41]

Und genau das kann auch bei Ihnen passieren! Ein verändertes Leben.

In der Ursprache des Neuen Testaments gibt es zwei Worte für Leben. Eines ist das Wort *bios*, von dem sich unser Wort *Biologie* herleitet. *Bios* meint das natürliche Leben und es kann auch das chronologische Leben bedeuten. In unserer durchschnittlichen Lebensdauer schlafen wir 250.000 Stunden, essen 76.000 Mahlzeiten und gehen 200.000 Mal auf die Toilette. All das gehört zum *Bios*-Leben.

Aber in der Bibel gibt es noch ein anderes Wort für Leben und das ist das Wort *Zoe*. *Zoe* schließt das *Bios*-Leben mit ein, ist aber viel umfassender. Bei *Bios* geht es um die Quantität, bei *Zoe* um die Qualität des Lebens, eine Qualität, die daher kommt, dass wir Gott kennen. *Zoe* bezieht sich letztlich auf das ewige Leben, das Leben, für das Sie ursprünglich geschaffen wurden und das nie enden wird.

Und raten Sie mal, welches Wort da steht, als Jesus sagt: „Ich aber bin gekommen, um ihnen Leben zu bringen." Genau, *Zoe*! Jesus spricht hier von der Qualität eines Lebens mit Gott, das Ihre Vergangenheit, Ihre Gegenwart und Ihre Zukunft ändert. Wenn Sie den Weg zurück zu Gott finden, finden Sie dieses *Zoe*-Leben.

Jetzt kann ich weitermachen

Eileen weinte jeden Tag. Jeden Tag trauerte sie, weil sie sich in ihrer ersten Ehe entschlossen hatte, ein Kind abtreiben zu lassen. Unter Tränen fragte sie sich, was wohl aus dem Kind geworden wäre. Sie hatte zwei wunderbare Kinder aus ihrer zweiten Ehe, aber sie konnte sich immer noch nicht vergeben oder über das sprechen, was sie getan hatte. Das Geheimnis quälte sie. Es war eine Trauer, die nie nachließ.

Als Eileen anfing zu verstehen, dass sie tatsächlich von vorne anfangen konnte, half ihr das, ihren Weg zu Gott zurückzufinden. Sie entdeckte das *Zoe*-Leben, ein Leben, in dem es Gnade und Vergebung von Gott für die Vergangenheit gibt, ganz gleich, was geschehen war.

Ein Held aus der Bibel, David, erlebte in seinem eigenen Leben dieses Erwachen der Reue und schrieb Folgendes über die Vergebung, die Gott uns schenkt:

> *Denn so hoch, wie der Himmel über der Erde ist,*
> *so groß ist seine Liebe zu allen,*
> *die ihm mit Ehrfurcht begegnen.*
> *So fern, wie der Osten vom Westen liegt,*
> *so weit wirft Gott unsere Schuld von uns fort!*[42]

Als sie Gott fand, fand Eileen Gnade für ihre Vergangenheit und die Hoffnung, eines Tages im Himmel ihr erstes Kind zu sehen.

Sie sagt: „Mir wurde klar, dass meine Fehler aus der Vergangenheit bei Gott weit weg sind. Nicht, dass sie nie geschehen wären oder nicht wichtig sind. Sondern Gott hat sich darum gekümmert, und jetzt kann ich mich auf den Weg in eine bessere Zukunft machen."

Inzwischen weint Eileen nicht mehr, und jetzt erzählt sie ihre Geschichte, um anderen zu helfen, diese lebensverändernde Vergebung zu erfahren. Gott kann das mit unserem größten Schlamassel machen – mit genau den Dingen, die uns davon abgehalten haben, zu ihm zu kommen.

Das Beste im Leben

Wenn Sie ein Kaffeefanatiker sind, wissen Sie vielleicht, dass die teuerste Kaffeesorte der Welt der *Kopi Luwak* ist. Früher kam dieser Kaffee ausschließlich aus Indonesien. *Kopi Luwak* gilt als der exotischste Kaffee mit dem komplexesten Geschmack weltweit und ist auf jeden Fall der teuerste! Sie meinen die Kaffeesorte, die Sie kaufen, sei teuer? Dieser Kaffee kann bis zu 300 Euro pro Pfund kosten.

Die *Kopi Luwak*-Kaffeebohne hat außerdem eine interessante Geschichte. *Kopi* ist das indonesische Wort für Kaffee und *Luwak* ist der Name eines kleinen katzenähnlichen Tieres in Indonesien, eine Zibetkatze, die nachtaktiv ist. Die *Luwak* frisst nachts die besten Kaffeebohnen und verdaut sie, während sie schläft. Die Indonesier sammeln dann den Kot der *Luwaks* auf und suchen die Kaffeebohnen heraus. Genau, jede einzelne *Kopi Luwak*-Bohne hat den Verdauungstrakt einer indonesischen Zibetkatze durchlaufen, bis sie hinten wieder herauskommt!

Vergessen Sie nicht, dass *Kopi Luwak* nicht nur der teuerste Kaffee der Welt ist, sondern bei vielen auch als der erlesenste Kaffee gilt. Ich erzähle Ihnen das, um Sie daran zu erinnern, dass manchmal das Beste im Leben im Mist seinen Ursprung hat!

Welchen Mist haben Sie in Ihrem Leben? Die Bibel sagt, dass Gott der Welt einen Neuanfang schenkt, indem er ihr Vergebung der Sünden anbietet. Bringen Sie Ihren ganzen Mist zu Gott, und er wird Ihnen einen Neuanfang schenken und daraus etwas Außergewöhnliches machen.

Der Pastor, der seinen Glauben verlor

Rich kam aus einer christlichen Familie und ging regelmäßig in die Kirche. Schon früh hatte er den Eindruck, dass Gott ihn dazu berufen habe, Pastor zu werden. Also tat er, was Pastoren in spe meistens tun: Er machte eine theologische Ausbildung, verdiente sich seine Sporen im Gemeindedienst und arbeitete sich schließlich zum leitenden Pastor einer Gemeinde hoch. Er war so erfolgreich in seinem Dienst, dass sich zwei der Gemeinden, die er leitete, zu sogenannten Mega-Gemeinden entwickelten. In der Zwischenzeit hatte Rich eine Frau geheiratet, die ihre Rolle als traditionelle Pastorenfrau sehr gut ausfüllte, und die beiden bekamen Kinder. Alles schien großartig zu laufen, genau wie Rich es sich vorgestellt hatte, als er noch jung war.

Aber dann schlug sein Leben einen Haken, mit dem Rich nicht gerechnet hatte.

Rich ahnte zwar, dass er in seiner Ehe recht bequem geworden war, aber er konnte es trotzdem nicht fassen, als seine Frau ihm erklärte, dass sie ihn verlassen würde.

Sie sprach für sich und die Kinder, als sie sagte: „Wir kommen auch prima ohne dich klar." Und mit diesen Worten war sie weg.

Innerhalb von kürzester Zeit war sie mit einem anderen Mann verheiratet und der zog auch noch Richs Kinder groß.

Rich verlor seine Familie.

Er verlor sein Zuhause.

Er verlor seine Stelle und seine berufliche Zukunft.

Er verlor seine finanzielle Sicherheit.

Er verlor seine Identität.

Seinen Glauben an Gott verlor er zum Glück nicht ganz, aber er fühlte sich auf jeden Fall auf eine Art von Gott entfremdet, wie er es noch nie erlebt hatte.

Während dieser Zeit wurde die Wut auf seine Ex-Frau zu seiner *Lieblingsdroge*, wie Rich es heute ausdrückt, nach der er regelrecht süchtig war. Und er war wütend auf Gott.

„Ich spürte, wie mein Herz immer härter, immer kälter und immer finsterer wurde", erinnert er sich. Er war schon fast Atheist geworden, meint er heute, denn er lebte so, als existiere Gott nicht. Und er lebte nur für sich selbst. Sein neuer Job als Leiter im Einzelhandel hielt ihn zwar finanziell über Wasser und gab seinen Tagen zumindest vorläufig einen Sinn. Aber er wusste, dass dieses neue Leben nicht das war, wofür er geschaffen war.

Wenn jemand einen Neuanfang nötig hatte, dann war es Rich. Er wusste, dass er Hilfe brauchte, also fing er an zu beten und bat auch andere, für ihn zu beten.

„Gott war geduldig und gnädig mit mir", sagt Rich, „und erwies sich tatsächlich als treuer Gott. Durch eine Reihe von Wendungen in meiner Geschichte hat Gott mir dieses unwiderrufliche Gefühl zurückgegeben, zu mehr berufen zu sein."

Rich baut jetzt eine neue und aufrichtigere Beziehung zu Gott auf. Durch diesen Wiederaufbau kam in ihm auch der Wunsch auf, wieder anderen Menschen zu dienen.

Er sagt: „Ich bin nicht stolz darauf, wie tief ich gesunken bin oder wie schnell ich ganz unten angekommen war. Aber ich weiß, dass Gott aus dem Mist in meinem Leben eine Botschaft machen wird – eine Botschaft, die anderen, die selbst mitten im Mist stecken, hilft, wieder ein Licht am Ende des Tunnels zu sehen."

Gott kann Ihre Gegenwart verändern

Wenn Sie sich darauf einlassen, dass Gott sich Ihnen zeigt, dann gibt es manchmal eine sich langsam entwickelnde Veränderung und manchmal geschieht diese Veränderung auch auf einen Schlag. Aber so oder so ist das die Starthilfe in ein neues Leben. Und das kann sogar den Menschen, von denen man es am wenigsten erwartet hätte, auf die überraschendste Art passieren.

In den Abendnachrichten im amerikanischen Fernsehen wurde die Geschichte eines unbekannten Geschäftsmannes erzählt, der immer an Weihnachten durchs Land reist und Zehntausende Dollar von seinem eigenen Vermögen verschenkt. Er gibt dann 100-Dollar-Scheine an Menschen, die er nicht einmal kennt und die er an Bushaltestellen oder in Second-Hand-Läden trifft.[43] Die Reaktionen reichen von: „Wollen Sie mich verarschen?" und „Das kann ich nicht annehmen!", bis hin zu: „Das ist das Schönste, was mir je passiert ist!"

Bei Thomas Coates veränderte diese großzügige Geste sein komplettes Leben. Der 33-jährige Coates war heroinsüchtig und ein totaler Versager, der sogar die Spielsachen seines Sohnes verscherbelte, um Geld für Drogen zu bekommen. Er gab zu, dass er nicht verstand, warum seine Freundin ihn nicht verlassen und ihren gemeinsamen Sohn mitgenommen hatte.

Stattdessen schlug seine Freundin ihm vor, er solle zu Gott beten. Sie sagte: „Ich weiß, dass du nicht wirklich an ihn glaubst, aber vielleicht kannst du es versuchen."

Daraufhin betete Tom zum ersten Mal seit seiner Kindheit. Er sprach ein einfaches, verzweifeltes Gebet und hatte wenig Glauben, dass es irgendetwas verändern würde.

Als Tom dann alleine am Busbahnhof saß, gab ihm ein wildfremder Mann zwei Hundert-Dollar-Scheine.

Tom sah erschrocken auf und sagte: „Dafür habe ich doch nicht gearbeitet."

Der Fremde bestand darauf: „Aber Sie haben es verdient. Sie sind ein guter Mann, das sehe ich."

Seit seiner Kindheit, als seine Mutter so mit ihm gesprochen hatte, hatte Tom keine so ermutigenden Worte mehr gehört. Dann klopfte ihm der Fremde auf den Rücken und sagte: „Wir sehen uns, Kumpel", und war so schnell verschwunden, wie er gekommen war.

Tom hat sich selbst bis dahin als Atheist bezeichnet, aber das Zusammentreffen von seinem Gebet und der Großzügigkeit dieses Fremden war zu auffällig, um es einfach abzutun.

Unter Tränen gestand Tom: „Das war unglaublich. Das war ein Wunder. Gott sagte damit zu mir: ‚Glaubst du mir jetzt?'"

Toms ganzes Leben war von Sehnsucht und Reue geprägt gewesen. Aber in einem einzigen Augenblick wandelte es sich von einem *Bios*-Leben, in dem er einen bedeutungslosen Tag nach dem anderen mit der Suche nach dem nächsten Drogenkick verbrachte, zu einem *Zoe*-Leben, in dem er glaubte, dass es einen Gott gab, der ihm eine zweite Chance zuteilwerden ließ. Gottes Antwort auf sein Gebet hatte ihn davon überzeugt, dass er von vorne anfangen konnte.

Tom meldete sich in einer Entzugsklinik an und sagte: „Das wird das erste Mal sein, dass Gott wirklich das Ruder in der Hand hat."

Ein Leben voller Leben!

Während Tom ein Versager war, waren Scott und Kirsten Leistungsmenschen. Beide hatten einen Uniabschluss, verdienten genug, um unter die wohlhabendsten ein Prozent des Landes zu zählen, und lebten mit ihren beiden Söhnen in einer Gegend, die als *die beste Gegend für Familien in den ganzen* USA galt. Sie dachten, sie hätten verstanden, wie das Leben läuft. Aber sie lebten ein *Bios*-Leben, bei dem ein Tag dem anderen folgte, ohne einen tieferen Sinn zu haben. Es ging nur um sie selbst und ihr Vorstadtzuhause. Aus Ernüchterung wurde Enttäuschung und aus der Enttäuschung eine tiefe Depression und Bedauern. Irgendetwas musste anders werden.

Als sie eines Tages betete, kamen Kirsten folgende Worte in den Sinn: „Denn ich war hungrig, aber ihr habt mir nichts zu essen gegeben. Ich war durstig, aber ihr habt mir nichts zu trinken gegeben. Ich war ein Fremder unter euch, aber ihr habt mich nicht aufgenommen. Ich war nackt, aber ihr wolltet mir nichts zum Anziehen geben. Ich war krank und im Gefängnis, aber ihr habt mich nicht besucht."[44] Diese Worte stammten aus einer Geschichte, die Jesus einmal erzählt hatte, und sie spornten Kirsten und ihren Mann an, darüber zu reden, wie sie neue Prioritäten für ihr Leben setzen konnten.

Innerhalb der nächsten fünf Jahre verkauften sie ihr Haus, wechselten die Arbeitsstellen und zogen in ein sozial schwächeres Umfeld, um unter Menschen zu leben, die ausgegrenzt und vergessen werden. Scott wurde Lehrer an einer wenig angesehenen Grundschule. Kirsten gründete eine erfolgreiche gemeinnützige Organisation für soziale Gerechtigkeit mit Tausenden von ehrenamtlichen Mitarbeitern. Eines der größten Risiken, die sie eingingen, war, ihre beiden Jungen in einem Bezirk in die Schule zu schicken, der ein minimales Budget für Bildung, kaum Freizeitangebote und ein wachsendes Problem mit Gangs hatte. Scott und Kirsten sagen jedoch, dass ihre Jungs daran gewachsen sind. Mit Kirstens Worten ausgedrückt: „Wir dachten, wir bringen Opfer, aber in Wirklichkeit ist unser Leben jetzt besser als jemals zuvor!"

In seinem Buch *Ich muss verrückt sein, so zu leben* schreibt Shane Claiborne, dass die Frage nach dem Leben nach dem Tod immer noch wichtig ist, dass sich die Menschen aber vielmehr fragen, ob es auch ein Leben *vor* dem Tod gibt.[45] Was Kirsten und Scott entdeckt haben, ist das *Zoe*-Leben, das Leben vor dem Tod. Ein Leben mit einem tiefen Sinn. Ein Leben, das einen Grund hat. Ein Leben, für das es sich lohnt, morgens aufzustehen, weil man weiß, dass man in dieser Welt etwas Wichtiges beizusteuern hat.

Wer den Weg zurück zu Gott findet, findet das *Zoe*-Leben.

Ein Telefonanruf an Weihnachten

Das *Zoe*-Leben, das Gott uns geben will, hört nie auf, weder geschichtlich betrachtet noch persönlich. Es fing vor Beginn der Zeit mit ihm an und wird am Ende der Zeit mit ihm weitergehen. Das war mir nie so klar wie vor ein paar Jahren am ersten Weihnachtsfeiertag.

In jenem Jahr fiel der erste Feiertag auf einen Sonntag. Wir gingen also als Familie morgens in den Gottesdienst und packten danach zu Hause unsere Geschenke aus. Für mich machte diese Kombination aus Gottesdienst am ersten Feiertag und aufgeregten Kindern, die ihre Geschenke auspacken wollten, dieses Weihnachtsfest zu etwas ganz Besonderem.

Mitten in all der Weihnachtsfreude klingelte das Telefon. Es war mein Freund Paul. Er und seine Frau Jeanne waren beide Anfang vierzig und hatten zwei Töchter in der weiterführenden Schule.

„Kannst du mal rüberkommen?“, sagte Paul. „Es sieht so aus, als würde Jeanne bald sterben.“

Jeanne hatte seit vier Jahren mit einer Krebserkrankung gekämpft und befand sich seit ein paar Wochen in Palliativpflege.

Ich fuhr schnell zu ihnen, aber als ich endlich am anderen Ende der Stadt angekommen war, war Jeanne bereits gestorben.

Ich stand bei Paul zu Hause, legte den Arm um seine Schulter und schaute auf Jeannes leblosen Körper. Für den flüchtigen Beobachter war jetzt alles vorbei. Jeannes Leben war zu Ende. Und wenn wir von ihrem *Bios*-Leben sprechen, stimmt das auch. Sie hatte den letzten Tag ihres zeitlichen Lebens hier auf der Erde gelebt. Aber Jeanne und Paul hatten vor einigen Jahren das *Zoe*-Leben kennengelernt, von dem Jesus sagt:

Ich bin die Auferstehung und ich bin das Leben. Wer mir vertraut, der wird leben, selbst wenn er stirbt. Und wer lebt und mir vertraut, wird niemals sterben. Glaubst du das?[46]

Paul und ich wussten beide, dass der Tod nicht das Ende war. Jeannes Leben war nicht vorbei. Ja, ihr *Bios*-Leben war abgeschlossen, aber das *Zoe*-Leben ging im Himmel weiter. Es ist ein Leben, das niemals enden wird.

Haben Sie es satt, nur ein *Bios*-Leben zu führen? Sind Sie so weit, dass Sie genug davon haben, eine Aneinanderreihung von Tagen zu leben, voller Schmerzen aus der Vergangenheit, ohne Sinn in der Gegenwart und ohne Zuversicht für die Zukunft? Ihr Weg fort vom Bedauern hin zu einem Zuhause bei Gott bringt Sie auch zu einem tieferen, echteren Leben. Das Leben, das Gott Ihnen anbietet, ist ein *Zoe*-Leben. Es ist das Leben, in dem Sie eingeladen sind, noch einmal von vorne anzufangen und so zu leben, wie Gott es sich schon immer für Sie erträumt hat … und zwar für immer.

8 VON VORNE ANFANGEN

Fangen Sie an zu verstehen, dass das Erwachen der Reue ein großer Wendepunkt ist? Es geht darum, dass wir zur Besinnung kommen, dass wir aufwachen und unsere wahren Umstände erkennen und realisiseren, dass wir Veränderung brauchen. Das kann in einem Augenblick geschehen, in dem uns plötzlich ein Licht aufgeht und wir erkennen, wohin uns unsere genialen Pläne gebracht haben. Und vielleicht sehen wir zum ersten Mal, dass unser Leben zum Himmel stinkt – vielleicht sogar ganz wörtlich, wie in der Geschichte, die Jesus erzählte.

Und *zur Besinnung kommen* war genau das, was der junge Mann in dem Gleichnis tat.[47] Was tat er anschließend? Er machte sich auf den Weg nach Hause. Wir wissen das, denn ein paar Sätze später sagte Jesus:

> *Er machte sich auf den Weg und ging zurück zu seinem Vater.*[48]

Aber Moment mal.

Da ist doch sicher irgendwo ein riesiger Zeitsprung. Erkennen Sie ihn? Er liegt genau zwischen *kam zur Besinnung* und *machte sich auf den Weg.* Jedenfalls ist das bei mir und bei den meisten Menschen, die ich kenne, so. Monate- und jahrelang, manchmal sogar unser ganzes Leben lang, *erkennen* wir, dass unser Leben ein Chaos ist, dass sich etwas ändern muss, aber wir *unternehmen* nichts. Also zappeln wir uns jahrelang in Reue ab. Der Graben zwischen unserem Wunsch, von vorne anzufangen, und dem ersten entschlossenen Schritt dazu scheint unüberwindbar.

Vielleicht haben Sie dieses Problem des *Feststeckens* schon einmal bei jemandem gesehen. Womöglich sehen Sie es bei sich selbst.

Warum scheinen manche Menschen zwar den aufrichtigen *Wunsch* zu haben, ein neues Leben anzufangen, sind aber anscheinend nicht in der Lage dazu?

Um dieses Rätsel des Feststeckens geht es in diesem Kapitel. Wir schauen uns an, was nötig ist, um neu anzufangen, und warum es für jeden Sohn und jede Tochter des himmlischen Vaters immer möglich ist, ganz gleich, was wir getan haben.

Brennan Manning hat diese Kraft besser verstanden als die meisten Menschen. Er war Priester und heruntergekommener Alkoholiker, der zu einem vom Leben gezeichneten Evangelisten wurde und den Menschen von Gottes Liebe erzählte. Jon und ich organisierten einmal eine Veranstaltung, die Menschen helfen sollte, ihren Weg zurück zu Gott zu finden, und wir luden Manning als Redner ein. Damals erzählte er eine Geschichte aus seinem Leben, die ich nie wieder vergessen habe.

Max ist ein „Mordskerl"

Manning befand sich damals mit 25 anderen drogenabhängigen Männern in einem Reha-Zentrum. Darunter war auch ein Mann, den Manning Max nannte.[49] Max sagte von sich, dass er Christ sei, er war verheiratet und hatte fünf Kinder. Er hatte eine eigene Firma und war wohlhabend. Von außen betrachtet schien er ein *gemachter*

Mann zu sein. Aber er kam seit Jahren immer wieder in die Therapie und wurde immer erneut rückfällig. Nichts half.

Der Therapeut war entschlossen, dass das diesmal anders werden würde, und er begann, Max zu seinen Trinkgewohnheiten zu befragen.

Max verfiel in sein übliches sanftes Leugnen und meinte, er trinke nur in Maßen und habe eigentlich kein Problem damit.

Der Gruppenleiter unterbrach ihn und fragte: „Wo ist mein Telefon?" Jemand reichte ihm sein Telefon und er wählte eine Nummer. Als am anderen Ende jemand abnahm, stellte er das Telefon auf Lautsprecher. Es war der Besitzer einer örtlichen Bar, in der Max regelmäßig zu Gast war. Der Therapeut stellte sich vor und sagte: „Max ist hier bei mir und mit der Erlaubnis seiner Familie recherchiere ich seine Trinkgewohnheiten. Können Sie mir sagen, wie viel Max bei Ihnen so ungefähr trinkt?"

„Ach, Max – der ist ein Mordskerl. Der kommt jeden Tag nach der Arbeit her. Er kippt so fünf oder sechs Drinks am Tag, manchmal auch mehr, und gibt meistens einen aus. Alle lieben ihn."

Als Max das hörte, wurde er wütend. Er fing an, die Aufrichtigkeit des Barbesitzers und des Therapeuten infrage zu stellen. Dann fand er schnell seine Fassung wieder und sagte irgendetwas darüber, dass sogar Jesus einmal wütend gewesen sei.

Dann fragte der Therapeut Max: „Hat Ihre Trinkerei irgendwelche Auswirkungen auf Ihre Kinder? Waren Sie ihnen gegenüber jemals lieblos?"

Max antwortete: „Gut, dass Sie das ansprechen. Zwei meiner Söhne haben einen Abschluss von einer Eliteschule und Max Junior ist im dritten Jahr an der …"

„Danach habe ich nicht gefragt", unterbrach ihn der Therapeut. „Jeder Vater verhält sich mindestens einmal im Leben einem seiner Kinder gegenüber lieblos. Nennen Sie uns ein konkretes Beispiel."

Es entstand eine lange Pause. Schließlich antwortete Max: „Ich habe mich an Heiligabend meiner Tochter gegenüber etwas gedankenlos verhalten."

„Was ist passiert?", fragte der Therapeut.

Max antwortete: „Ich weiß es nicht mehr. Ich habe nur so ein schwermütiges Gefühl, wenn ich daran denke."

„Was ist passiert?"

Max wurde wütend. „Ich habe doch gesagt, dass ich es nicht mehr weiß! Es wird schon nicht so schlimm gewesen sein."

Der Therapeut wählte wieder eine Nummer. „Guten Morgen. Hier spricht der Therapeut von Max. Wir sind gerade mitten in einer Gruppensitzung, und Ihr Mann hat uns eben erzählt, dass er sich an Heiligabend seiner Tochter gegenüber lieblos verhalten hat. Können Sie mir Näheres dazu erzählen?"

„Es ist, als wäre es erst gestern gewesen", erwiderte eine sanfte Stimme. „Unsere neunjährige Tochter wünschte sich zu Weihnachten ein Paar neue Schuhe. Also ist Max am Nachmittag mit ihr ins Schuhgeschäft gefahren und hat zu ihr gesagt, sie dürfe sich ein Paar Schuhe aussuchen. Als sie wieder zu ihm ins Auto stieg, gab sie ihm einen Kuss auf die Wange und sagte, er sei der beste Papa der Welt. Er war so stolz auf sich, dass er beschloss, das zu feiern.

Er hielt an der Bar an und sagte zu unserer Tochter, er käme gleich zurück. Es war extrem kalt an diesem Tag, etwa minus zwölf Grad. Max ließ den Motor laufen und schloss beide Türen ab, weil er sein kleines Mädchen nicht mit in die Bar nehmen konnte. Er wollte sich nur einen Drink genehmigen. Es war kurz nach drei Uhr nachmittags und mein Mann traf ein paar alte Kumpels aus seiner Zeit beim Militär. Er verlor die Zeit aus dem Auge und verließ vollkommen betrunken die Bar erst um Mitternacht. Der Motor war ausgegangen und die Scheiben waren zugefroren. Unsere Tochter hatte Erfrierungen an beiden Ohren und an den Fingern. Als wir sie ins Krankenhaus brachten, musste sie operiert werden. Sie amputierten Daumen und Zeigefinger der rechten Hand und sie wird für den Rest ihres Lebens taub sein.“

Max brach daraufhin auf dem Boden zusammen und begann, heftig zu schluchzen.

Dann überraschte der Therapeut die ganze Gruppe, als er zu Max sagte: „Da ist die Tür. Packen Sie Ihre Sachen und verschwinden Sie. Das hier ist eine Reha für Alkoholiker, nicht für Lügner.“

Nach einigen Augenblicken hörte Max auf zu schluchzen und bettelte darum, in der Reha bleiben zu dürfen. Er fing an, ausführlich darüber zu sprechen, was er getan hatte, und dass er sich selbst dafür hasste. Der Therapeut und die Gruppe halfen ihm, diese Dinge durchzuarbeiten. Endlich war er an einem Punkt tiefer Reue angelangt und wusste, dass er ganz von vorne anfangen musste.

Manning beendete die Geschichte mit den Worten: „Max durchlief den verblüffendsten Wandel, den ich je an einem Menschen gesehen habe. Er wurde der aufrichtigste, ernsthafteste, verletzlichste und fürsorglichste Mann in unserer Gruppe. Er fand eine echte Beziehung zu Gott, wurde trocken und blieb zum ersten Mal in seinem Leben auch trocken.“

Buße tun = Ich will von vorne anfangen

Vielleicht finden Sie sich in Max’ Geschichte oder in Teilen davon wieder. Oder vielleicht ist Ihre Geschichte ganz anders als die von Max. Sie ist vielleicht längst nicht so dramatisch, nicht so schmerzlich. Aber Sie wissen trotzdem, was es heißt, etwas zu bedauern – jenes *schwermütige Gefühl*, das Max beschrieben hat. Vielleicht hält diese Last Sie von Gott fern. Wenn Sie den Weg zurück zu Gott finden wollen, müssen Sie geistlich an jenen Punkt kommen, an dem Sie sagen: „Gott, ich will von vorne anfangen.“

Ohne dieses Erwachen und die darauf folgende Kehrtwendung

werden Sie weiterhin wie ein Schlafwandler durchs Leben gehen, ohne sich Ihrer kleinen und großen destruktiven Verhaltensweisen bewusst zu sein. Solange Sie das neue Leben, das Ihnen gehören kann, nicht sehen und nicht darauf zugehen, werden Sie immer auf das alte Leben voller Schmerz, Langeweile und Verurteilung zusteuern.

Es gibt ein Wort, das dieses Erwachen am besten beschreibt: *Buße*. Unglücklicherweise hat das Wort Buße seine ursprüngliche Bedeutung verloren und wird heute eher mit Straßenpredigern in Verbindung gebracht und mit einem schlechten Gewissen.

Buße ist nicht zerknirscht sein, sich schuldig fühlen und Gewissensbisse haben. Buße ist eher etwas Aktives. Es ist der Neuanfang, der aus diesen Gefühlen folgt. Tatsache ist, dass wir ein schlechtes Gewissen haben und uns wünschen können, alles wäre anders, aber wir tun trotzdem keine Buße.

Ich habe sehr viele Gespräche mit Menschen aus verschiedenen religiösen Prägungen geführt und alle hatten dieses Bedauern gemeinsam. Viele Menschen gehen voller Bedauern durchs Leben. Dass wir mit unserem Bedauern leben und darin stecken bleiben, ist nicht Gottes Wille und war es auch nie. Das Bedauern sollte nur der Anfang sein – eine Art Katalysator, der uns in Bewegung setzt.

Paulus, der Verfasser einiger neutestamentlicher Schriften, hatte eine Vergangenheit, die ihm allen Grund zum Bedauern gegeben hätte. Er formulierte es so: „Denn Gott kann die Traurigkeit in unserem Leben benutzen, um uns zur Umkehr von der Sünde und zur Suche nach der Erlösung zu bewegen. Diese Traurigkeit werden wir nie bereuen. Eine Traurigkeit ohne solche Umkehr dagegen führt zum Tod.“[50] Erkennen Sie die Vorwärtsbewegung in Paulus' Worten? Was mit (a) Traurigkeit und Bedauern anfängt, führt zu (b) Umkehr, und das führt schließlich zu (c) Erlösung – und die lässt Traurigkeit und Bedauern hinter sich. Deshalb möchte ich, dass Sie verstehen, dass Buße niemals nur mit Gefühlen gleichzusetzen ist, ganz gleich wie aufrichtig diese Gefühle sein mögen.

Und so geht's: Buße ist Bewegung, nicht bewegt sein

Das griechische Wort für Buße tun ist *metanoia*, was so viel bedeutet wie *die Richtung wechseln*. Der zweite Teil des Wortes kommt von *noein*, was *denken* bedeutet. Der erste Teil, *meta*, bedeutet *um*, wie in dem Wort *Metamorphose*. Zusammengesetzt bedeutet *metanoia* also einen grundlegenden Sinneswandel oder ein Umdenken. Hier geht es nicht um eine kleine Korrektur oder eine leichte Veränderung. Es bedeutet, dass man sich zunächst in die eine Richtung bewegt und dann eine 180-Grad-Wendung macht und genau in die entgegengesetzte Richtung geht.

Wenn Sie also von jetzt an an das Wort *Buße* denken, dann stellen Sie es sich als Wendepunkt vor. Es bedeutet, dass Sie sich von dem, was Sie ablenkt oder von Gott wegzieht, abwenden und sich bewusst zu Gott hinwenden. Sie tun das nicht nur einmal, sondern immer und immer wieder.

Vor ein paar Jahren haben meine Frau und ich uns zwei Tage Zeit genommen, um mithilfe eines besonderen Programms unsere Lebensplanung neu zu bewerten.[51] Bei diesem hervorragenden Programm betrachtet man zunächst, wie Gott einen geschaffen hat, und bringt dann alle Zukunftspläne damit in Einklang, um den Traum zu verwirklichen, den Gott für unser Leben hat. Eine der zentralen Übungen in diesem Prozess bestand darin, mein Leben anzuschauen und dadurch die wichtigsten Wendepunkte herauszufinden. Ich war überrascht von dem, was sich da zeigte.

In der sechsten Klasse fand ein Sportwettkampf statt, und ich sagte mir damals: „Streng dich mehr an, dann wirst du gewinnen." In der letzten Runde stand ich kurz davor, die Führung abzugeben, als mir diese Worte wieder einfielen. In diesem Augenblick gab ich mir einen Ruck, strengte mich noch mehr an und gewann. Für mich war das ein Wendepunkt, denn von da an war harte Arbeit für mich der Weg zum Erfolg.

Ein weiterer Wendepunkt war, als ich mit 21 wegen Schmerzen in der Brust zwei Tage im Krankenhaus lag, weil ich versucht hatte, pro Woche 27 Semesterstunden zu absolvieren und nebenher noch zu arbeiten. Das war ein Wendepunkt, an dem mir klar wurde, dass ich Grenzen hatte.

Dann war da der Augenblick, als mein erstes Kind auf die Welt kam und mir klar wurde, dass es in meinem Leben nicht nur um mich ging – ein weiterer Wendepunkt.

Solche Wendepunkte verändern einen für immer. Sie sind in eine bestimmte Richtung unterwegs, und dann passiert etwas, das Sie in eine ganz neue Richtung lenkt.

Buße ist die Erkenntnis, dass die Richtung, in die Sie unterwegs sind, Sie weit weg führt von Gott und allem Guten, das er für Sie bereit hat. Also wenden Sie sich von den Dingen ab, denen Sie nachgegangen sind, und wenden Sie sich Gott zu. Aber um Ihren Weg zu Gott zu finden, müssen Sie zunächst eine ernsthafte Bestandsaufnahme Ihres Lebens machen. Fragen Sie sich selbst:

- Was sind die Dinge, über die ich nachdenke und die mich von Gott wegziehen?
- Welchen Dingen gebe ich mich hin, die mich von Gott ablenken?
- Welchen Dingen, die mich näher zu Gott bringen könnten, gehe ich aus dem Weg?

Bitten Sie andere Menschen, schonungslos ehrlich mit Ihnen zu sein, und fragen Sie sie: „Von welchen Dingen in meinem Leben, glaubst du, muss ich mich abwenden, um mich Gott zuzuwenden?"

Dieser Augenblick ist ein Wendepunkt in Ihrem Leben. Entweder Sie gehen voran und finden den Weg zurück zu Gott, oder Sie ziehen sich zurück, wiederholen Ihre Fehler immer wieder und führen ein Leben voller Bedauern. Es ist offensichtlich, was die bessere Wahl ist. Aber es ist Ihre Sache, sich zu entscheiden.

Rumspringa

Meine Tochter, Amy, ist in unserer Gemeinde groß geworden. Leider war es aber nicht immer der beste Ort für sie. Manche Menschen sagten Dinge, die sie nicht hätten sagen sollen, oder hatten übertriebene Erwartungen an sie. Unter diesem religiösen Druck war es für sie beinahe unmöglich, Gottes Liebe durch die Menschen zu erfahren, von denen sie sie am meisten hätte bekommen sollen. Schließlich wollte sie nicht mehr Teil der Gemeinde sein und sie fühlte sich fern von Gott.

Als sie in der Oberstufe war, schrieben wir uns einmal Textnachrichten, während ich in einer Besprechung in Miami saß und sie im Unterricht am anderen Ende des Kontinents. Damals erklärte sie mir, was *Rumspringa* ist.

[08:36:51] Amy: Hi
[08:42:33] Dave: Was gibt's?
[08:42:37] Amy: Nix
[08:42:40] Amy: Hock im Unterricht.
[08:42:51] Dave: Cool. Ich hock mal wieder in einer Besprechung.
[08:49:39] Amy: Ich glaub, ich geh wieder in die Gemeinde.
[08:49:46] Dave: Echt?
[08:49:55] Amy: Hab das Gefühl, dass die letzten drei Jahre mein Rumspringa waren. Hahaha

[08:49:56] Dave: Echt … warum?

[08:49:58] Amy: Ich liebe die Amischen.

[08:50:13] Amy: Aber mal ernsthaft. Ich finde diese Idee echt verlockend.

[08:50:16] Dave: Was ist Rumspringa?

[08:50:56] Amy: Da dürfen die Jugendlichen die moderne Kultur ausprobieren, ohne dass es ihnen vorgeworfen wird …

[08:51:10] Amy: … und dann kommen sie zurück und entscheiden, ob sie zur amischen Gemeinde gehören wollen oder nicht.

[08:51:23] Dave: Cool.

[08:51:27] Amy: Aber wenn sie dann nicht wollen, werden sie gemieden. Das ist also anders.

[08:51:30] Amy: Haha

[08:51:41] Dave: Ich werde dich nicht meiden.

[08:51:45] Dave: :)

[08:51:48] Amy: Danke, haha

[08:51:57] Amy: Aber ich finde, es ist eine interessante Idee.

[08:52:09] Dave: Allerdings.

[08:52:26] Dave: Überlegst du dir, jetzt in eine amische Gemeinde zu gehen?

[08:52:38] Amy: Nein

[08:52:46] Amy: Wie kommst du darauf?

[08:52:52] Amy: Soll das ein Witz sein?

[08:53:29] Dave: Du hast gesagt, du magst die Amischen.

[08:53:39] Dave: War kein Witz … aber war witzig.

[08:54:06] Amy: Nein, ich will nicht amisch sein.

[08:54:16] Amy: Ich sage nur, ich habe im übertragenen Sinn Rumspringa gemacht.

[08:54:22] Amy: Und ich bin ein Technikfreak.

[08:54:26] Amy: Warum sollte ich das aufgeben?

[08:54:33] Dave: Technik – ich auch!

[08:55:45] Dave: Gibt es eine Gemeinde, die du dir anschauen willst?
[08:55:58] Amy: Megan hat eine gefunden, wo sie hinwill.
[08:56:26] Dave: Cool.
[08:57:05] Amy: Ich glaube, ich habe mich so distanziert, dass ich jetzt ohne jeden Druck hingehen kann.
[08:57:17] Amy: Außerdem kennt mich da niemand. Dann kann ich so viel mitmachen, wie ich will.
[08:57:33] Amy: Ich muss ja nicht gleich alles mitmachen.
[08:58:38] Dave: Allerdings.
[08:58:51] Dave: Das ist eine gute Voraussetzung, um ganz du selbst zu sein.
[08:59:25] Amy: Und das kann ich am besten,
[08:59:30] Amy: wenn ich das von mir sagen darf.
[08:59:33] Dave: Das hast du schön gesagt!
[08:59:48] Amy: Klingt langsam wie in so 'ner Ratgebersendung.
[08:59:50] Dave: Du bist die beste Amy!
[09:00:02] Dave: (Musik wird lauter)
[09:00:27] Amy: (spontane Tanzeinlage)
[09:00:47] Dave: (Musik wird lauter … alles wird schwarz)
[09:01:21] Amy: Bist du gerade in einer Besprechung?
[09:01:27] Dave: Ja.
[09:01:40] Amy: Haha
[10:03:36] Dave: Rumspringa, darüber werde ich nachdenken. Tolles Wort.
[10:10:34] Amy: Hmhm
[10:47:56] Dave: Muss weg … Ich hab dich lieb!!!

Er fängt an zu laufen

Rumspringa – das hat der verlorene Sohn auch gemacht. Wir alle machen das, bevor wir unseren Weg zurück zu Gott finden. Wir lehnen alles vom Vater ab und wollen alleine losziehen, genau wie der jüngere Sohn. Wir suchen nach einer Liebe, die uns mehr gibt als seine. Wir gehen Dingen nach, die nicht in seinem Sinne sind. Wir versuchen, das Leben zu verstehen, ohne unsere Rechnung mit einem liebenden Gott zu machen. Wir verlieren uns in Gottes großer Welt, und wenn wir so weit sind, kommen wir zu ihm zurück, und er trägt es uns nicht nach.

Das ist der Dreh- und Angelpunkt in der vielleicht wichtigsten Geschichte, die Jesus je erzählt hat. Der junge Mann kommt zur Besinnung. Und dann handelt er. Er rafft sich auf. Er wendet sich von allem ab, was ihn von seinem Vater weggeführt hat. Und er macht sich auf den Weg nach Hause. Das Rumspringa ist vorbei. Buße ist da. Er ist bereit, von vorne anzufangen.

Und Sie? Sind Sie bereit, von vorne anzufangen? Wenn Sie weiter mit mir auf diesem Weg bleiben, dann zeige ich Ihnen die Hilfe, die Ihnen den Weg nach Hause zurück zeigt.

DAS ERWACHEN DER HILFSBEDÜRFTIGKEIT:

ICH SCHAFFE DAS NICHT ALLEINE.

So machte er sich auf den Weg zu seinem Vater.

Lukas 15,20 (NGÜ)

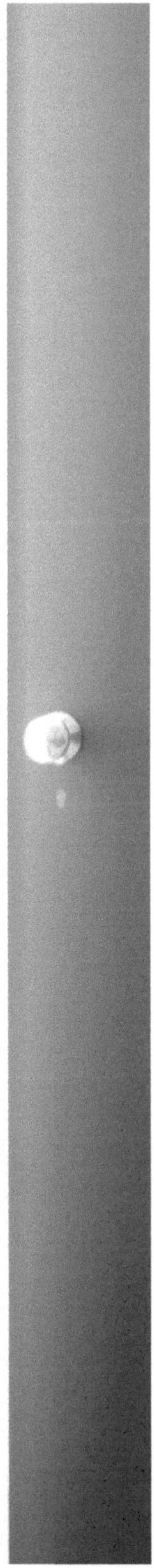

9 ICH WILL NACH HAUSE

Wenn der verlorene Sohn zu seinem dritten Erwachen eine Titelmusik ausgesucht hätte, wäre der Beatles-Song „Help!" die richtige gewesen.

Help, I need somebody. (Hilfe, ich brauche jemand.)
Help, not just anybody. (Hilfe, nicht nur irgendjemand.)

Das bekannte Lied ist teils Geschichte und teils Bekenntnis und drückt einen der ursprünglichsten Hilferufe der Menschheit aus. In dem Lied wird einem jungen Mann ein Bedürfnis bewusst, das er nie für möglich gehalten hätte. Er braucht Hilfe. Natürlich hatte er immer damit angegeben, alles alleine zu schaffen. Aber das war die Stimme des Stolzes und der Dummheit, doch die Zeiten sind vorbei. Jetzt ist er erschüttert, alleine und kurz davor zusammenzubrechen. Er öffnet die Tür und ruft: „Hilfe!"

Und wir singen alle aus vollem Hals mit, weil wir dieses Gefühl ganz genau kennen.

Doch jetzt zurück zu der Geschichte von Jesus. Als der verlorene Sohn zur Besinnung kam, traf er eine Entscheidung, mit der er niemals gerechnet hätte: „Wie viele Tagelöhner hat mein Vater und alle haben mehr als genug zu essen! Ich dagegen komme hier vor Hunger um. Ich will mich aufmachen und zu meinem Vater gehen.“[52]

Er war bereit, damit aufzuhören, das Leben nach seinen Bedingungen alleine meistern zu wollen. Wir hören ihn nicht um Hilfe schreien, aber wir sehen es an seinen Worten und Taten. Er schreit um Hilfe.

Jon und ich nennen diesen riesigen Satz vorwärts auf dem Weg zurück zu Gott das *Erwachen der Hilfsbedürftigkeit*. Es ist der nächste Schritt nach dem *Erwachen der Reue*. Hier fangen wir an, die ganze Last des Bösen, was wir getan haben oder was uns angetan wurde, zu spüren, und wir wollen von ganzem Herzen einen Neuanfang. Dieses dritte Erwachen bringt uns einen riesigen Schritt näher zu Gott, denn wir entscheiden uns um fast jeden Preis für die Veränderung, und wir merken, dass wir es nicht alleine schaffen. Was kommt dann?

Wir rufen jemanden an.

Wir führen jenes wichtige Gespräch.

Wir gehen tatsächlich in die Selbsthilfegruppe.

Wir schleichen uns in die hinterste Reihe in der Kirche – und überraschen uns selbst damit am meisten.

Wir gehen auf die Knie und rufen: „Gott, wenn es dich wirklich gibt, …!“

Der verlorene Sohn stellte sich der Wahrheit und traf eine Entscheidung. Hier die Zeilen aus der Geschichte, in denen er mit sich selbst spricht:

> *„Ich will zu meinem Vater gehen und ihm sagen: Vater, ich bin schuldig geworden an Gott und an dir. Sieh mich nicht länger als deinen Sohn an, ich bin es nicht mehr wert. Aber kann ich nicht als Arbeiter bei dir bleiben?“ Er machte sich auf den Weg und ging zurück zu seinem Vater.*[53]

Man muss sich fragen, mit was für einem Empfang er gerechnet hatte. Er kann ja nicht nach Hause kommen und so tun, als sei nichts gewesen, oder? Wenn man das getan hat, was er getan hat, dann kann man nicht einfach daheim reinlatschen und sagen: „Hallo Papa! Ich bin wieder da! Was gibt's zu essen?"

Sein Geständnis zeigt, dass er wusste, was er getan hatte, und dass er es wiedergutmachen, oder es zumindest versuchen musste. Das ist für jeden auf dem Weg zurück zu Gott ein entscheidender Schritt.

Er tut Buße.

Teschuwa

Im letzten Kapitel haben wir darüber gesprochen, dass die Buße eine 180-Grad-Wendung ist. Wir haben gesagt, dass Buße die Erkenntnis ist, dass die Richtung, in die wir unterwegs sind, uns weiter von Gott und allem Guten, was er für uns hat, wegführt. Also *wenden wir uns von dem ab*, dem wir nachstreben, und *wenden uns zu Gott hin*. Das ist *Metanoia*, ein griechischer Begriff aus dem Neuen Testament.

Aber die Bibel wurde in zwei Sprachen geschrieben. Schauen wir uns einmal genauer an, was das alttestamentarische Wort für Buße bedeutet. Das gibt uns einen wichtigen Hinweis.

Das hebräische Wort für Buße ist *teschuwa* und es ist vielleicht noch interessanter als *metanoia*. *Teschuwa* bedeutet, *zu seinen Wurzeln zurückkehren*. Für den Sohn in der Geschichte hieß das, zu seinem Vater zurückzugehen.

Wenn wir also lesen, dass der verlorene Sohn „sich auf den Weg [machte] und zurück zu seinem Vater [ging]", dann wird uns bewusst, dass das der Wendepunkt in der Geschichte ist. An diesem Punkt wusste er, dass er Hilfe brauchte und es nicht alleine schaffte. Er machte sich auf den Weg nach Hause. Zurück zu seinen Wurzeln.

Und das ist für jeden von uns das Ergebnis der Buße.

Wir gehen nach Hause.

Zuhause – was für ein großartiges Wort, nicht wahr? Ich weiß nicht, ob es sonst noch ein Wort gibt, das den meisten Menschen so viel bedeutet. Es weckt alle möglichen herzerwärmenden Gedanken und Sätze: „Gehen wir nach Hause."

„Willkommen zu Hause."

„Es geht nichts über unser Zuhause."

„Warte nur, bis dein Vater nach Hause kommt." (Na gut, letzterer ist nicht so schön.) Wenn man nicht in einem gesunden, liebevollen Zuhause aufgewachsen ist, dann zeigt der Schmerz, den das Wort *Zuhause* hervorruft, wie sehr wir uns nach dem sehnen, was wir als Kinder nicht hatten.

Buße tun heißt nach Hause gehen, dorthin zurück, wo man herkommt, wo die Wurzeln liegen. Den Weg zurück zu Gott zu finden, ist nicht mal eben ein schnelles Heilmittel. Hier geht es nicht darum, kurz daheim vorbeizuschauen, sich auszuruhen, die Klamotten waschen zu lassen und eine warme Mahlzeit zu bekommen, bevor man wieder geht. Nach Hause zu kommen, heißt, Vergebung und die Gewissheit eines Lebens nach dem Tod zu finden. Und es bedeutet auch, einen neuen Sinn und eine Richtung für das eigene Leben zu finden, was man sonst nirgendwo anders findet.

Gott hält für jeden, der zu ihm kommt, einen unglaublichen Segen bereit. Aber zu Gott nach Hause zu kommen, heißt nicht nur, das zu wollen, was er für uns tun kann. Es geht vielmehr um eine Beziehung zu Gott. Es geht darum, dem Leben eine neue Richtung zu geben und dorthin zurückzukehren, wo man herkommt und wo man seine Wurzeln hat. Wenn Sie Buße tun und nach Hause kommen, verändert Gott Sie. Sie werden anders. Die Bibel sagt, dass Gottes Geist in Ihnen leben wird, und das führt zu einer erkennbaren und andauernden Veränderung.

Dallas Willard, ein christlicher Philosoph und Autor, hat einmal eine Definition von Buße formuliert, die mir sehr gefällt. Er sagte:

„Buße heißt, die Art und Weise, wie man gedacht und gehandelt hat, zu verändern."[54]

Richtungswechsel

Im April werden Jon und seine Frau Lisa wieder einmal ihren Hochzeitstag feiern. Jon sagt: „Es gibt nur wenige Entscheidungen in meinem Leben, die einen derart gravierenden Richtungswechsel erfordert haben, wie meine Heirat. Ich musste meine Lebensführung völlig neu gestalten. So musste ich zum Beispiel meine Strategie fürs Wäschewaschen umgestalten. Ich konnte meine Socken nicht mehr achtlos auf dem Boden liegen lassen. Und ich musste meinen Umgang mit dem dreckigen Geschirr in der Küche ändern, denn ich konnte das Geschirr nicht mehr so lange stapeln, bis man es nur noch mit dem Radlader in die Geschirrspülmaschine verfrachten konnte. Auch im Bad musste ich mein Verhalten ändern, schließlich konnte ich die Klobrille nicht mehr hochgeklappt lassen, ohne Rücksicht darauf, dass vielleicht jemand anderer nachts auf die Toilette musste."

Jede Beziehung, die es wert ist, daran festzuhalten, erfordert eine Umgestaltung der Lebensführung.

Wir alle brauchen an gewissen Punkten eine Strategie zur Umkehr. Deshalb haben wir unsere eigenen Pläne, wie wir unser Leben ändern oder mit Schmerz aus der Vergangenheit oder Stress in der Gegenwart fertigwerden. Manchmal ziehen wir diese Pläne durch und es ändert sich tatsächlich etwas zum Guten. Dann sind wir froh, dass wir vorwärtskommen. Aber nur zu oft steckt in unseren Plänen, mit denen wir die Richtung unseres Lebens ändern, ein *Zuviel*: zu viel essen, zu viel trinken, zu viel Geld ausgeben, zu viel Sport treiben oder zu viel Sex haben.

Wir gestalten die Dinge zwar um, aber nicht zum Guten.

Ich zähle diese Strategien nicht auf, damit Sie ein schlechtes Gewissen bekommen, denn Buße heißt nicht, ein schlechtes Gewissen zu haben. Vielmehr sagt die Bibel, dass echte Buße dazu führt, dass wir bei Gott aufatmen können.[55] Denken Sie daran, dass Buße heißt, von vorne anzufangen und sich einzugestehen, dass man Hilfe braucht.

Dieser Aufruf zur Buße, uns von unseren Sünden abzuwenden und zu Gott zurückzukehren, gilt allen. Ganz gleich an welchem Punkt auf unserem Weg zurück zu Gott wir stehen, wir haben alle Dinge in unserem Leben, an denen wir immer noch festhalten. Bei manchen ist es eine heimliche Gewohnheit, von der niemand weiß. Bei anderen ist es offensichtlich, wonach sie immer noch streben.

Was ist es bei Ihnen? Wonach streben Sie immer noch, weil Sie hoffen, dass es Sie irgendwie befriedigt?

Was müssen Sie loslassen? Jon und ich können aus persönlicher Erfahrung sagen, dass Gott uns selten etwas Neues gibt, solange wir nicht das Alte und Kaputte loslassen.

Wir sind alle verlorene Kinder, die von zu Hause fortgegangen sind und sich von ihrem himmlischen Vater abgewandt haben. Unser Vater ruft uns zu sich zurück, zurück zu dem einen, der uns aus Liebe geschaffen hat, zurück in die ewige Gemeinschaft, in die wir gehören, und zurück zu demjenigen, der uns so sehr liebt, dass er lieber sterben als ohne uns leben würde.

Heute könnte der Tag sein, an dem Sie nach Hause kommen. Gott möchte, dass Sie das tun, was der verlorene Sohn getan hat. Sie sollen sich von dort aufmachen, wo Sie gerade sind, und dorthin zurückkommen, wo Sie hingehören. Es spielt keine Rolle, welche falschen Entscheidungen Sie in der Vergangenheit getroffen haben. Er sagt zu Ihnen: „Ganz gleich, was du getan hast, ganz gleich, was aus dir geworden ist, komm einfach nach Hause."

Bei dem Gedanken an Menschen, die begriffen haben, dass sie Hilfe brauchen und zu Gott zurückgekommen sind, fällt mir sofort mein Freund Steve ein.

Das Gottsein aufgeben

Lange Zeit dachte Steve, er hätte es nicht nötig, zu Gott zurückzufinden. Warum nicht? Weil er dachte, er sei Gott. Zumindest dachte er, er hätte sein Leben selbst in der Hand und könne alles tun, was er wolle.

Steve ist ein intelligenter Bursche, der schon früh entdeckte, dass er eine Gabe als Unternehmensgründer hatte. Schon bald nach seinem Collegeabschluss verdiente er mit der Firma, die er gegründet hatte, viel Geld. Er heiratete eine wunderschöne Frau, sie kauften sich ein großes Haus und gründeten eine Familie.

Aber gleichzeitig führte er heimlich ein selbstzerstörerisches Doppelleben. Er dachte, er könnte die Dinge vor seiner Frau geheim halten und zwei Leben managen. Aber dieses Doppelleben fing an, ihn auszulaugen. Die ganze Zeit lebte er mit Schuldgefühlen und der Angst davor, was passieren würde, wenn seine Laster ans Licht kämen.

Steve war als Kind eine Zeit lang in die Kirche gegangen, hatte aber schon bald jedes Interesse an Gott verloren. Doch jetzt spürte er, dass er wieder eine geistliche Komponente in seinem Leben brauchte. Nur, dem stand etwas im Weg: er selbst.

Rückblickend meint Steve: „Ich sehnte mich danach, diesen Gott zu finden, aber ich war so eigensinnig und dickköpfig, dass ich dachte, ich selbst sei Gott. Irgendwann hatte ich meinen ganzen Glauben über Bord geworfen und wollte mich nichts und niemandem unterordnen."

Dann lud ihn ein Golfpartner zu einer Männergruppe ein, die sich wöchentlich traf, um über ihr Leben und ihre persönlichen Probleme zu sprechen und sie im Licht der Bibel zu betrachten. Steve sagte zu. Er ging mit dem festen Vorsatz hin, den anderen einmal so richtig zu zeigen, wo sie falschlagen.

Aber stattdessen lernte Steve etwas.

Die Gruppe brauchte fast zwei Jahre, um Steve Woche für Woche zu zeigen, was Gott ihnen bedeutete, bis er es langsam begriff. Steve konnte kaum glauben, dass die anderen ihn nie verurteilten, ganz gleich von welchen Sünden und Geschichten er ihnen erzählte. Stattdessen lobten sie ihn sogar für seine Aufrichtigkeit. Steve hatte endlich erlebt, was Gnade heißt, und das haute ihn um. Eines Tages ging Steve zusammen mit dem Leiter der Gruppe auf die Knie und bat Jesus ganz persönlich um seine heilende Gnade.

Steve erinnert sich: „Als ich Jesus bat, in mein Leben zu kommen, tat er es. Er zeigte mir, was bei mir nicht richtig lief, richtete mich gleichzeitig aber auch wieder auf." Das war der Anfang eines Lebens für Gott statt für sich selbst, eines Lebens, das er nicht mehr zu verstecken brauchte.

Aber trotz dieser Veränderungen *reparierte* Gott nicht einfach alles in Steves Leben. Das Leben wurde sogar noch schwieriger für ihn. Kurz nachdem er angefangen hatte, Jesus nachzufolgen, musste Steve erleben, wie seine Eltern starben. Und dann endete all der Schaden, den er jahrelang angerichtet hatte, in der Scheidung seiner Ehe und einem schmerzlichen, erniedrigenden Sorgerechtsstreit um seine Kinder. Etwa zu dieser Zeit wurde bei Steve Krebs festgestellt und man gab ihm nur noch weniger als ein Jahr zu leben.

Das Leben mit Jesus war zwar alles andere als einfach für Steve, aber er hat dadurch seinen Glauben nicht verloren. Er sagt dazu: „Jesus hat mir durch jede einzelne dieser herausfordernden Situationen hindurchgeholfen."

Inzwischen hat Steve das geteilte Sorgerecht für seine Kinder und hat den Krebs schon länger überlebt, als die Ärzte ihm vorhergesagt haben. Er weiß, dass ihn auf seinem Weg mit Gott noch mehr Veränderungen und Herausforderungen erwarten. Aber auf keinem anderen Weg wäre er lieber unterwegs. Als er es endlich aufgegeben hatte, selbst *Gott* zu sein, nahm ihn der wahre Gott mit offenen Armen auf.

Wollen Sie das nicht auch? Buße tun, *Teschuwa* – die eigene Lebensstrategie überdenken und neu gestalten – und nach Hause zurückkehren?

Aber seien wir ehrlich. Es fällt schwer zu glauben, dass uns zu Hause eine herzliche Umarmung erwartet, während wir da draußen uns selbst und andere mit unseren dummen, egoistischen Entscheidungen verletzt haben.

Aber was, wenn doch?

Philip Yancey, ein bekannter Autor und Redner, hielt während einer Freizeit, auf der ich war, einen Vortrag und erzählte folgende moderne Version der Geschichte vom verlorenen Sohn.

Willkommen daheim, Christa!

Sie hieß Christa und wuchs auf einer kleinen Kirschplantage in Traverse City in Michigan auf. Sie war ein wildes Kind, das seine Eltern wegen deren Reaktionen auf seine Piercings und Tätowierungen als altmodisch abtat. Eines Abends geriet Christa in einen heftigen Streit mit ihren Eltern. Es endete damit, dass sie „Ich hasse euch" sagte und die Tür hinter sich zuschlug. Dann führte sie einen Plan aus, den sie in Gedanken schon seit Monaten gehegt hatte: Sie lief weg und ging in die Großstadt, nach Detroit.

Schon wenige Stunden nachdem sie in Detroit angekommen war, lernte sie einen Mann kennen, der nett und warmherzig zu sein schien. Er fuhr das teuerste Auto, das sie je gesehen hatte, und war bereit, sie bei sich aufzunehmen. Der nette Mann brachte ihr einige Dinge bei, die sie auf der Straße wertvoller machten, und weil Christa noch jung war, brachten ihre Dienste viel Geld ein. Mit der Zeit, als sie etwas älter geworden war, brachte sie nicht mehr so viel Geld ein und wurde von dem Mann auf die Straße gesetzt. Nun hatte sie kein Geld und war drogenabhängig.

Eines Abends erinnerte sie sich an jene sonnigen Frühlingstage, an denen sie unter den Kirschbäumen gelegen hatte. Ihr wurde klar, dass es kein Leben war, wenn sie ihren Körper auf den Straßen von Detroit verkaufte, und so beschloss sie, nach Norden zu ziehen, vielleicht nach Kanada, und dort neu anzufangen. Auf dem Weg nach Norden kam ihr der Gedanke, etwas auszuprobieren, von dem sie dachte, dass es wahrscheinlich sinnlos war. Sie nahm all ihren Mut zusammen und rief ihre Eltern an. Keiner nahm ab, aber sie hinterließ ihnen die Nachricht, dass sie auf ihrem Weg nach Kanada durch Traverse City käme. Ihre Eltern könnten sie gegen Mitternacht am Busbahnhof treffen, wenn sie wollten. *Es war eine dumme Idee, ihnen diese Nachricht zu hinterlassen,* dachte sie, nachdem sie aufgelegt hatte, denn wahrscheinlich waren sie ohne sie glücklicher.

Als der Bus nach Norden fuhr, sah sie auf den Straßenschildern, dass sie sich Traverse City näherten. Sie ging in Gedanken alle Möglichkeiten durch: Es war niemand da. Es war jemand da, aber nur, um sie zu beschuldigen und zu verurteilen. Schließlich kam der Bus in Traverse City an und sie hörte den Fahrer sagen: „Fünfzehn Minuten Pause, fünfzehn Minuten."

All ihre Überlegungen hatten sie nicht auf das vorbereitet, was sie erwartete, als sie aus dem Bus stieg. Um Mitternacht standen am Busbahnhof dieser Kleinstadt Dutzende Menschen, die sie kannte: Tanten, Onkel, Cousinen und Cousins, Großeltern. Alle trugen alberne Partyhütchen, und an der Mauer hing ein großes Plakat, auf dem stand: „WILLKOMMEN DAHEIM, CHRISTA!"

Ihr Vater drängte sich durch die Menge und rannte zu ihr. Während sie noch versuchte, ihr Verhalten zu erklären, nahm er sie in die Arme und gab ihr zu verstehen, dass für ihn nur wichtig war, dass seine Tochter nach Hause gekommen war.[56]

Einen anderen Vater entdecken

Sind Sie bereit für den nächsten Schritt auf Ihren himmlischen Vater zu? Das dritte Erwachen auf Ihrem Weg zurück zu Gott geschieht, wenn Sie sich eingestehen, dass Sie Hilfe brauchen. Für die meisten von uns hat diese Erkenntnis ihren Preis. Sie macht uns vielleicht sogar Angst, vor allem, wenn wir Gott als den wütenden Richter sehen, der uns für jeden einzelnen Fehler, den wir gemacht haben, bezahlen lassen will. Wer will da schon nach Hause zurück?

Aber im nächsten Kapitel werden Sie einen anderen Vater entdecken – einen Vater, von dem Sie vielleicht gar nicht wussten, dass es ihn gibt. Sie werden zum Beispiel entdecken, dass Ihr Hilferuf schon gehört wurde und dass Ihr Vater Ihnen bereits entgegenläuft.

Glauben Sie mir?

Es wird Zeit, diesen Gott auszuprobieren. Beten Sie einfach:

Gott, wenn es dich wirklich gibt,
dann zeig dich mir.
Wecke in mir die Bereitschaft,
dich um Hilfe zu bitten.

10 DER GOTT, DER RENNT

Als der verlorene Sohn sich auf den Heimweg machte, muss er wohl darüber nachgedacht haben, wie sein Vater reagieren wird. Wird er ihm die Tür vor der Nase zuschlagen? Wird er ihm erst so richtig die Leviten lesen und ihm dann die Tür vor der Nase zuschlagen? Wird er ihm den Job als Dienstbote geben, um den er seinen Vater bitten will – aber nur um den Preis, beständig daran erinnert zu werden, wie er seinen Familienstatus verspielt hat?

Der junge Mann weiß nicht, wie sein Vater reagieren wird. Er weiß, dass er es gewaltig verbockt und seinen Vater auf die schlimmste Weise gedemütigt hat. Er muss sich darauf vorbereiten, abgelehnt zu werden.

Aber schauen Sie, was in der Geschichte dann passiert:

> *Der [Vater] erkannte ihn schon von Weitem. Voller Mitleid lief er ihm entgegen, fiel ihm um den Hals und küsste ihn.*[57]

Was für eine überraschende Wendung! Aus Verzweiflung, Hunger und Angst wird die herzlichste Willkommensszene überhaupt!

Bei unserem nächsten Erwachen konzentrieren wir uns auf Gottes Liebe und was sie für sein heimkehrendes Kind bedeutet. Aber bevor wir dazu kommen, müssen wir verstehen, dass es Gottes Art ist, uns willkommen zu heißen. Wenn wir begreifen, dass wir unfähig sind, unser Leben alleine noch einmal neu anzufangen, finden wir den Mut, Gott um Hilfe zu bitten, denn er wartet bereits darauf, uns aufzunehmen. So ist Gott. Und seine liebevolle Art sollte uns dazu veranlassen, es mit ihm zu versuchen.

Vor diesem Hintergrund dürfen Sie den Augenblick nicht verpassen, in dem der Vater zum ersten Mal erkennt, dass sein Sohn nervös die Straße entlangkommt. In der Geschichte heißt es: „Der [Vater] erkannte ihn schon von Weitem."

Lesen Sie diesen Satz noch einmal. Was verrät Ihnen das über den Vater? Warum ist es so bedeutsam, dass der Vater seinen Sohn schon von Weitem erkennt? Der Vater hatte keinen Grund, seinen Sohn in nächster Zeit zu erwarten. Der Sohn hatte ihm keine Nachricht geschrieben oder ihn angerufen, um ihm zu sagen, dass er kam.

Wie lange war er weg gewesen? Wochenlang? Monatelang? Jahrelang? Sein Vater musste sich um viele wichtige Angelegenheiten kümmern. Warum suchte er den Horizont ab, in der Hoffnung, irgendwo seinen heimkehrenden Sohn zu erkennen?

Seine Freunde haben ihm bestimmt schon gesagt: „Vergiss deinen nutzlosen Sohn. Sieh doch nur, was er dir angetan hat. Er bekommt, was er verdient hat. Du musst dein Leben weiterleben."

Die anderen haben ihn wahrscheinlich dazu ermutigt, sein Leben zu leben. Aber er wollte nicht einfach weiterleben.

Eine skandalöse Gnade

Ich stelle mir vor, wie der Vater jeden Tag vor die Tür geht, mit brennendem Herzen in die Ferne schaut und sich nichts sehnlicher wünscht, als seinen Sohn wiederzusehen.

Und diesmal – nach wer weiß wie vielen Enttäuschungen – sieht er endlich eine Gestalt in der Ferne. Vielleicht meint er, seine Augen täuschen ihn. Aber nein, die Gestalt ist echt. Es ist sein Sohn! Und als er ihn sieht, rennt er los.

Der Sohn, der bereit war, jede Hürde zu nehmen, vor die sein Vater ihn stellen würde, egal ob hoch oder niedrig, stellt bei seiner Rückkehr fest, dass es keine Hürde gibt. Keine Moralpredigt. Keine Distanz. Er muss ihm nicht versprechen, sich zu bessern. Er muss nicht angekrochen kommen und beweisen, dass er es ernst meint. Auf ihn warten nur offene Arme, Freudentränen und ein Fest.

Der Sohn hat das Undenkbare getan und die wichtigste Beziehung seines Lebens abgelehnt, und jetzt muss er nichts tun, damit ihm vergeben wird. Er muss nur nach Hause kommen. Das nennt man Gnade. Sie haben vielleicht schon von Gottes Gnade gehört, aber begreifen Sie sie auch?

Sie ist überraschend.

Sie ist erstaunlich.

Sie ist spektakulär.

Sie ist bewegend.

Sie ist unbegreiflich.

Sie ist verblüffend.

Ja, sie ist skandalös.

Sie haben vielleicht noch einige Verständnisfragen: *Muss ich wirklich keine Hürde überwinden, um mich mit meinem himmlischen Vater zu versöhnen? Wollen Sie damit sagen, dass die einzige Beziehung im Leben, die darüber entscheidet, wo man die Ewigkeit verbringt, nicht davon abhängt, dass wir uns als würdig erweisen oder uns zusammenreißen, nicht wenigstens ein kleines bisschen? Stimmt es, dass dieser fundamentalistische Gott, der die Hürde so hoch hängt, gar nicht echt ist, und dass der liberale Gott, der die Hürde ganz niedrig aufstellt, auch nicht echt ist? Wollen Sie sagen, dass es überhaupt keine Hürde zu überwinden gibt? Wie kann das sein?*

Genau genommen gibt es eine Hürde. Aber nur eine. Und die hat

Jesus überwunden. Auf dem Weg zurück zu Gott geht es nicht um das, was Sie tun, sondern um das, was Jesus schon getan hat.

Mit dieser Geschichte malt Jesus ein unfassbares Bild von einem Gott, der sich vor Gnade, Barmherzigkeit und Liebe überschlägt für jeden, der zu ihm zurückkommen will. Das ist das Wichtigste an der Geschichte.

Jesus sagt damit: „Wenn du es verbockt hast, zugibst, dass du Hilfe brauchst und zu deinem himmlischen Vater zurückkommst, dann reagiert Gott genauso. Das ist der Empfang, der auf dich wartet."

Was haben Sie für eine Vorstellung von Gott?

Die eigentliche Frage ist: Glauben Sie, dass das Bild, das Jesus mit dieser Geschichte von Gott malt, stimmt?

Beantworten Sie diese Frage nicht zu schnell.

Ich möchte, dass Sie sich Gottes Gnade erst einmal auf folgende Art vorstellen. Verzeihen Sie mir, wenn das ein bisschen übertrieben wirkt.

Nehmen wir einmal an, Sie müssten heute dran glauben. Ihr Leben ist vorbei, und es ist Zeit, Gott persönlich gegenüberzutreten und Rechenschaft für Ihr Leben abzulegen. Gott wird entscheiden, ob Sie für immer bei ihm im Himmel oder für immer von ihm getrennt sein werden. In diesem Augenblick heißt Gott sie genauso herzlich willkommen wie der Vater den verlorenen Sohn.

Wie reagieren Sie auf Gottes Gnade? Ich glaube, die Reaktionen der Menschen auf diese Frage kann man in drei Kategorien einordnen. Denken Sie einmal über die drei Möglichkeiten nach, und überlegen Sie, in welche Kategorie Sie fallen würden.

Kategorie 1: „Das glaube ich nicht."

Ich kenne viele Menschen, die mit dem Verstand an Gott glauben, aber nicht mit dem Herzen. Wenn ich mich mit ihnen unterhalte, spüre ich manchmal, dass sie denken: „*Dich* empfängt er vielleicht mit offenen Armen, aber nicht *mich*. Du hast keine Ahnung, was ich alles angestellt habe."

Der verlorene Sohn muss auf dem Weg nach Hause etwas Ähnliches gedacht haben: Was soll's? Ich habe es so gründlich versaut, war so weit weg und habe meinen Vater so respektlos behandelt, dass er mich auf gar keinen Fall wieder aufnehmen wird, ganz gleich, was ich tue oder sage.

Wir neigen dazu, unsere Taten auf einer Art „Sünden-Barometer" einzustufen. Wir ordnen manche Sünden als besonders schlimm ein – wenn zum Beispiel andere verletzt werden, wie bei sexuellen Sünden oder Gewalt gegen andere. Wir denken: *Die Geschichte vom verlorenen Sohn ist ja nett, aber ich würde nie erwarten, dass Gott mir vergibt, geschweige denn, dass er sich freut, mich zu sehen.*

Vielleicht denken Sie wegen Ihres Versagens so oder weil Sie sich für etwas schämen, was Sie getan haben oder was Ihnen angetan wurde.

Manchmal sagen die Menschen: „Wenn ich vor Gott stehe, erwarte ich keine herzliche Begrüßung. Ich erwarte eher das Gegenteil."

Auch ich kämpfe hin und wieder selbst damit. Im Kopf weiß ich, dass Gott mich liebt, sogar bedingungslos liebt. Ich nehme ihn in dieser Sache beim Wort. Aber manchmal ignoriere ich ihn beinahe und lebe tagelang, ohne wirklich Zeit mit ihm im Gebet zu verbringen. Es gibt zu viele Gelegenheiten, bei denen ich Versuchungen nachgebe, von denen ich weiß, dass sie ihn traurig machen, sei es mangelndes Feingefühl gegenüber den Menschen, die ich liebe, oder mein Streben nach Anerkennung und Bestätigung auf Kosten meiner Integrität. Und wenn ich die gleichen Dummheiten immer und immer wieder mache, dann spüre ich, dass der Abstand vom Kopf zum Herz immer größer wird und die Realität seiner Gnade langsam verblasst.

Wie ist das bei Ihnen? Erwarten Sie tief in Ihrem Innern, dass Gott auf Sie zugerannt kommt und Sie mit Liebe überschüttet? Oder müssen Sie zugeben: „Nein, tief im Innern ist das nicht das, was ich erwarte"?

Kategorie 2: „Damit rechne ich!"

Die Menschen der zweiten Kategorie sagen vielleicht: „Gott ist ein Gott der Liebe und Vergebung. Ich bin zwar nicht vollkommen, aber ich bin auch kein Massenmörder oder Terrorist. Klar, wenn ich Gott gegenüberstehen würde, würde ich mit einem herzlichen Willkommen rechnen. Vergebung ist schließlich sein Ding, so ist er nun mal."

Als Jesus die Geschichte vom verlorenen Sohn erzählte, waren unter den Zuhörern auch Pharisäer. Das waren die Profi-Gläubigen, die zur geistlichen Elite zählten. Sie gehörten zu denjenigen, die gesagt hätten, sie erwarteten ein herzliches Willkommen von Gott. Sie hätten niemals behauptet, vollkommen zu sein, aber sie hätten sich für gut genug gehalten.

Seit Jahrhunderten hat sich keine religiöse Gruppe mehr als Pharisäer bezeichnet. Der Begriff wird heute mit Selbstgerechtigkeit und Heuchelei gleichgesetzt. Aber bevor wir jetzt denken, dass wir niemals in diese zweite Kategorie gehören, wollen wir unser Denken einmal näher untersuchen. Ich frage mich, ob diese Einstellung gegenüber Gott sich nicht so heimlich in unsere Gedanken schleicht, dass wir es kaum merken. Vielleicht waren Sie früher einmal von der überschwänglichen Gnade Gottes überwältigt, aber mit der Zeit hat sie ihre Wirkung verloren. Womöglich gab es einmal eine Zeit, in der Sie das Lied *Amazing Grace* (Oh Gnade Gottes, wunderbar) mit Tränen in den Augen und tiefer Dankbarkeit im Herzen gesungen haben. Aber heute ist das alles Routine und vielleicht ein bisschen altmodisch. Das Schockierende und Wunderbare an Gottes Liebe und Gnade ist dem simplen Eingeständnis gewichen: „Ich bin gut genug, weil Gott ein Gott der Gnade und Liebe ist. Er wird mich bestehen lassen. Das erwarte ich von Gott."

Schauen wir uns die Geschichte noch einmal an. Jesus beschreibt einen Sohn, der genau das Gegenteil von dem bekam, was er erwartet hat. Der Vater hielt Ausschau und wartete besorgt darauf, dass sein Sohn zurückkam. Er konnte es kaum erwarten, dass er heimkam, und als er es schließlich tat, war der Vater so voller Freude, dass er ihm entgegenrannte und ihn umarmte und küsste. Und dann feierte er zu seiner Ehre ein verschwenderisches Fest. Das ist nicht im Geringsten das, was jemand, der sich selbst als *gut genug* bezeichnet, von Gott erwarten würde.

Er rannte

Versetzen Sie sich einmal in die Lage des verlorenen Sohnes auf dem Weg nach Hause. Er ist verzweifelt, ausgehungert und wegen seiner Fehler auf dem langen Weg zurück in seine Heimatstadt völlig niedergeschlagen. Er weiß, was ihn erwartet. Er rechnet mit Feindseligkeit und Demütigung von allen in der Stadt. Was er getan hat – sein Erbe und seine Rechte als Sohn zu verschleudern –, war eine Schande.

Jesus sagt, als der Vater den Sohn sah, war er „voller Mitleid"[58]. Der Vater war nicht voller Empörung. Er war nicht voller Wut. Er war nicht voller Vergeltung. Er war voller *Mitleid.*

Was dann kommt, gehört zu den unglaublichsten Worten in der ganzen Bibel. Jesus sagt über den Vater:

> *Er lief seinem Sohn entgegen.*

Wichtige Leute rennen nicht. Haben Sie schon einmal gesehen, dass ein Regierungschef oder der Manager einer großen Firma jemandem entgegenrennt, um ihn zu begrüßen? Wichtige Leute gehen. Rennen ist unwürdig. Rennen ist unangemessen. Das gilt ganz besonders für die Kultur zu der Zeit von Jesus. Der Vater, der Patriarch, das Familienoberhaupt würde sich niemals so unangemessen verhalten.

Aber der Vater des verlorenen Sohnes rannte.

Was dann passiert, kann man kaum angemessen in Worte fassen. Der Vater sieht seinen Sohn. Er sieht das Baby, das er früher einmal ganz vorsichtig im Arm gehalten hat. Er denkt an das Kleinkind, das die ersten Schritte machte. Er erinnert sich an den Jungen, für den er gebetet hat, und den jungen Mann, den er fürchtete, nie wiederzusehen. Und jetzt steht sein Sohn vor ihm, so abgemagert, dass er kaum mehr ist als Haut und Knochen. Der Vater zieht den Sohn, von dem er gedacht hatte, er sei für immer verloren, an sich und lässt ihn nicht mehr los. Diese Umarmung werden Vater und Sohn niemals vergessen.

Dann küsst er seinen Sohn. Die Art, wie Jesus dies beschreibt, bedeutet, dass der Vater ihn immer und immer wieder geküsst hat. Er konnte gar nicht mehr aufhören. Der Vater sagt nichts, weil seine Umarmung und seine Küsse mehr sagen, als Worte es je ausdrücken könnten.

Schließlich spricht der Sohn.

> *„Vater“, sagte der Sohn, „ich bin schuldig geworden an Gott und an dir. Sieh mich nicht länger als deinen Sohn an, ich bin es nicht mehr wert.“*[59]

Haben Sie das gelesen? Er geht davon aus, öffentlich bloßgestellt zu werden. Er fragt sich, ob sein Vater ihn für immer von zu Hause verbannen wird, und er weiß, dass er es verdient hätte. Ich glaube, er ist in Gedanken jedes mögliche Szenario durchgegangen. Aber ich bezweifle, dass er das, was er bekam, je erwartet hätte. Er war darauf vorbereitet, aus der Stadt gejagt zu werden, aber er war nicht darauf vorbereitet, dass sein Vater ihm entgegenläuft und ihm zu Ehren eine Party schmeißt.

Wenn Sie noch nicht an den Punkt gekommen sind, an dem Sie nicht damit rechnen, vom Vater bedingungslos angenommen und überschwänglich empfangen zu werden, werden Sie nicht verstehen, was Jesus hier sagt. Wenn Sie glauben, sie schneiden gar nicht so schlecht ab auf der Sündenskala, dann sind Sie von der Bereitschaft des verlorenen Sohnes, der Wahrheit ins Auge zu schauen, noch himmelweit entfernt.

Was ich nun sagen werde, wird Sie vielleicht stören.

Wenn Sie erwarten, dass Gott Sie willkommen heißt wegen der Dinge, die Sie getan oder nicht getan haben, oder weil Sie glauben, Sie seien ein anständiger Mensch, dann haben Sie seine Gnade völlig falsch verstanden. Genau genommen ist es sogar schrecklich arrogant, weil Sie nicht erkennen, wer Sie in Wahrheit sind.

Sie sind (wenn Sie das noch nicht erkannt haben) der verlorene Sohn aus der Geschichte. Und das ist, so überraschend es klingt, eigentlich die gute Nachricht. Denn nur wenn wir begreifen, dass jeder von uns der verlorene Sohn ist, werden wir uns auch über die überschwängliche Gnade unseres Vaters freuen können.

Ich bin ein verlorener Sohn. Weitaus öfter als es mir lieb ist, bin ich egoistisch und egozentrisch. Auf die eine oder andere Art rebelliere ich, laufe von zu Hause weg und vergeude dabei den unglaublichen Segen meines himmlischen Vaters. An zu vielen Tagen wache ich morgens auf und lebe undankbar, gleichgültig und desinteressiert an dem, was Gott am Herzen liegt. Es wundert mich, dass er mich immer noch nach Hause ruft und sich nichts mehr wünscht, als dass ich zu ihm zurückkomme, damit er mir entgegenlaufen und mich in seine starken Arme nehmen kann.

Ob es mir schwerfällt zu glauben, dass Gott so von mir denkt? Ganz bestimmt. Aber glaube ich es? Ja. Weil Jesus es uns in dieser Geschichte zeigt.

Wenn Jesus uns hier einen Vater zeigt, der nach uns Ausschau hält, uns voller Mitleid entgegenläuft und uns in seine Arme schließt, dann zeigt er uns damit das Herz Gottes. Das Herz dieses Vaters ist so übervoll, dass er Ausschau hält nach Menschen, die er mit seiner überschwänglichen Gnade überschütten kann. Das gilt nicht für Menschen, die überzeugt sind, gut genug oder eben nicht gut genug zu sein. Es gilt für Menschen, die wissen, dass sie Hilfe brauchen. Für verlorene Söhne und Töchter, die nach Hause zurückkommen wollen. Weil Gott ist, wer er ist, kommt er Ihnen zu Hilfe.

Ein guter Vater macht das

Derek Redmond ist vielleicht der berühmteste Olympionike, der je als Letzter ins Ziel kam. 1992, bei den Olympischen Spielen in Barcelona, hatte der britische Läufer im Halbfinale schon die Hälfte der 400-Meter-Strecke zurückgelegt, als er den Schmerz verspürte, der das Ende seiner Karriere als Läufer sein sollte und gleichzeitig „der Anfang einer der unvergesslichsten olympischen Augenblicke", wie Reporter Kurt Wagner schrieb.

Redmond lief ein gutes Rennen und war zuversichtlich, das Halbfinale zu gewinnen, als plötzlich ein Muskel am hinteren Oberschenkel riss. Der fast unerträgliche Schmerz zwang ihn zu Boden, aber er war fest entschlossen, das Rennen zu beenden. Deshalb humpelte er die Bahn weiter entlang.

„Ich weiß, das klingt verrückt, aber ich dachte: ‚Ich kann sie noch einholen'", erinnerte sich Redmond. „Ich weiß nur noch, dass ich zu mir selbst sagte: ‚Ich werde nicht aufgeben. Ich werde das Rennen beenden.'"

Jim Redmond, Dereks Vater, sah von den Zuschauerrängen zu, wie sein Sohn sich um die letzte Kurve quälte. Was dann geschah, beschrieb Wagner als „einen der gewaltigsten Eindrücke in der Geschichte der Olympischen Spiele". Jim Redmond durchbrach die Sicherheitsabsperrungen, rannte zu seinem verletzten Sohn, legte den Arm um ihn und half Derek, die letzten 75 Meter des Rennens zu beenden. Die beiden überquerten die Ziellinie unter einem der größten Beifallsstürme in der Geschichte der Spiele.[60]

Sie haben einen Vater, der mitten in Ihrem größten Versagen und Ihrem größten Schmerz zu Ihnen gerannt kommt. Wenn die größte Enttäuschung und die tiefste Verletzung Sie gedemütigt und in Tränen zurücklässt, wird er zu Ihnen kommen. Ein Vater macht das. Gnade. Gott macht das instinktiv.

Wenn die Scham Sie an Ihre größte Niederlage erinnert, ist er da, um Sie daran zu erinnern: „Du bist mein Kind. Ich könnte dich nicht mehr lieben und ich werde dich nie weniger lieben. Ganz gleich was du getan hast, ich vergebe dir. Du wirst immer und bedingungslos geliebt."

Verrückt, oder? Wenn Sie nie damit gerechnet hätten, aber es glauben, dann gehören Sie zur letzten Kategorie.

Kategorie 3: „Ich erwarte es nicht, aber ich glaube es!"

Die Menschen in der dritten Kategorie glauben, dass Gott so ist, wie Jesus es gesagt hat – der Vater des verlorenen Sohnes. Und sie glauben es, weil sie den einen kennen, der diese Geschichte erzählt hat.

Diese dritte Sichtweise der Situation ist so wichtig, dass wir uns das ganze nächste Kapitel damit beschäftigen werden.

11 DIE HILFE HAT EINEN NAMEN

Nehmen wir einmal etwas Abstand von der Geschichte, die Jesus erzählt hat, um den Erzähler näher zu betrachten. Es wird Zeit, den Autor näher anzuschauen, denn – Achtung! – er ist der Schlüssel, mit dem wir verstehen, was diese Geschichte für Sie persönlich bedeutet.

Den Autor Charles Dickens faszinierte das Thema der Sühne (später mehr dazu). Es wird oft gesagt, dass er das Gleichnis vom verlorenen Sohn *die großartigste Kurzgeschichte aller Zeiten* nannte. Viele würden ihm zustimmen.

Warum? Ich werde mich einmal ganz weit aus dem Fenster lehnen und sagen, dass die Geschichte vom verlorenen Sohn deshalb so wunderbar eindrücklich ist, weil es Ihre Geschichte ist, meine Geschichte, jedermanns Geschichte. Wir alle stellen fest, dass wir weit von dort entfernt sind, wo wir dachten zu sein. Und der Autor der Geschichte – Jesus – ist die Autorität schlechthin, wenn es darum geht zurückzufinden.

Brauchen Sie Hilfe, um Gott zu finden?

Diese Hilfe hat einen Namen: Jesus.

Wer war er überhaupt?

Mein Freund Aaron ist Jude, wuchs in Boston auf und hat atheistische Eltern. Mehr als vierzig Jahre lang glaubte er, die Vorstellung von einem Gott sei das Absurdeste, was er je gehört hatte. Er brauchte keinen Gott. Mit seiner wunderschönen Frau, den wunderbaren Kindern, einer einträglichen Karriere als Psychologe, guten Freunden und allen möglichen Dingen, die einem den Alltag versüßen, ausgestattet, hatte er alles, was er brauchte.

Eines Tages unterhielt sich Aaron mit einem guten Freund, der ihn fragte, was er von Jesus hielt. Aaron reagierte so, wie er in diesen Situationen immer reagierte: „Er war ein großartiger Lehrer, ein großer Prophet und ein saumäßig guter Zimmermann."

Sein Freund erklärte ihm, dass er glaubte, dass Jesus Gott war.

Aaron verdrehte die Augen und machte eine geringschätzige Bemerkung darüber, dass sein Freund nur zu schnell bereit war, dummes Zeug zu glauben.

Sein Freund antwortete, die Vorstellung, dass Jesus Gott sei, sei nicht nur etwas, was andere über Jesus gesagt hätten. Jesus hatte es sogar über sich selbst geäußert.

Dann stellte er Aaron eine herausfordernde Frage: „Wenn das nicht stimmte und Jesus gelogen hat, als er behauptete, Gott zu sein, wie kannst du oder irgendjemand anderer dann glauben, er sei auch nur im Geringsten großartig?"

Die Logik traf Aaron. Er sagte sich selbst: „Wenn Jesu eigene Behauptung, Gott zu sein, nicht stimmt, dann ist er der übelste Lügner, der je gelebt hat. Aber wenn seine Behauptung, Gott zu sein, stimmt …"

Aaron las ein Buch, das sein Freund ihm gab, in dem es hieß, es gäbe nur drei Möglichkeiten in Bezug auf die Behauptungen, die Jesus aufgestellt hatte: Entweder war er ein Lügner, oder er war geisteskrank, oder aber er war genau der, der er behauptete zu sein – nämlich Gott.

Mein Freund wusste, dass er die ersten beiden Möglichkeiten nicht glaubhaft begründen konnte. Aaron erzählte mir: „Zunächst einmal kann kein Mensch so lügen. Warum sollte er für eine Lüge all das durchmachen, was Jesus durchgemacht hat? Er hätte doch nur den Mund halten müssen. Und wenn es eine Lüge war, dann war es die dümmste Lüge aller Zeiten. Die Menschen lügen zu ihrem eigenen Vorteil, aber bei dieser Sache sprang nicht wirklich etwas für Jesus heraus. Schließlich starb er dafür.

Zweitens war Jesus viel zu beständig, um verrückt zu sein. Ich bin in dieser Branche tätig und verrückte Menschen verhalten sich nicht gradlinig oder beständig. Jesus handelte immer gleich, immer liebevoll, immer freundlich und immer großzügig."

Aaron sagte, er sei dann auf einer Seite des Buches auf die Frage gestoßen, die sein ganzes Leben veränderte: „Erkennen Sie jetzt, dass nur noch eine Möglichkeit übrig bleibt?"[61]

Die Vorstellung, dass Jesus genau der war, der er behauptet hatte zu sein, überzeugte Aaron nicht nur vom Verstand her, sondern auch in seinem Herzen. Aaron hatte den Weg zurück zu Gott gefunden – durch Jesus.

Man könnte sagen, er gehörte jetzt zur dritten Kategorie – zu denjenigen, die nicht mit seiner Gnade rechnen, aber trotzdem glauben, dass sie ihnen gilt. Und wie kam es zu dieser Veränderung? Weil er jetzt den Erzähler der Geschichte kannte.

Der wichtigste Schritt bei unserem *Erwachen der Hilfsbedürftigkeit* ist, dass wir den Erzähler unserer Geschichte persönlich kennenlernen. Es reicht nicht zu begreifen, dass wir Hilfe brauchen oder dass wir Gott aus dieser Geschichte kennen, wir müssen den Erzähler kennenlernen.

Der einzige Grund, weshalb Jesus diese Geschichte erzählt hat, ist, dass wir unseren Weg zurück zu Gott finden. Der Grund, weshalb er so genau weiß, wie wir Gott finden können, besteht darin, dass er selbst Gott *ist*. Er ist kein ferner Gott irgendwo *da oben*, den es nicht wirklich interessiert, was in unserem Leben passiert, sondern ein Gott, der da ist und handelt. Er ist ein Gott der Beziehung, der nach Ihnen Ausschau hält, während Sie ihn suchen.

Jesus: Gott mit uns

Ein Engel prophezeite über Jesu Geburt:

> *Die Jungfrau wird schwanger werden und einen Sohn zur Welt bringen. Den wird man Immanuel nennen. – Immanuel bedeutet „Gott ist mit uns".*[62]

Derjenige, der die Geschichte erzählt hat, wie man zu Gott zurückkommen kann, war von Gott zu uns geschickt worden. Er kam, lebte unter uns und war einer von uns – ganz Gott und ganz Mensch.

1961 schickte die damalige Sowjetunion den ersten Menschen ins Weltall. Damals war Nikita Chruschtschow, ein bekennender Atheist, Ministerpräsident der UdSSR. In einer Rede, die er nach der Rückkehr des ersten Kosmonauten aus dem Weltall hielt, sagte Chruschtschow: „Gagarin ist ins Weltall geflogen und hat dort keinen Gott gesehen."[63]

C.S. Lewis, der als einer der großen Denker des 20. Jahrhunderts gilt, schrieb eine Antwort darauf. Er sagte, wenn es einen Gott gibt, dann wäre unsere Beziehung zu ihm wie die von Hamlet zu Shakespeare. Hamlet kann Shakespeare nicht hinter den Kulissen oder im Gebälk finden. Hamlet kann Shakespeare nur finden, wenn Shakespeare sich selbst eine Rolle in dem Stück gibt.[64]

Der Autor der Geschichte vom verlorenen Sohn gab sich selbst eine Rolle, indem er zur Erde kam und mit uns als Mensch lebte. In der gesamten Geschichte haben die Menschen darüber spekuliert und diskutiert, wie Gott wohl wirklich ist, aber durch Jesus wurde

Gott Teil der Geschichte, auch unserer Geschichte, sodass wir ihn kennenlernen können. Immanuel. Gott mit uns. Das ist das Einzigartige an Jesus. Und es ist der Grund, weshalb wir ihn finden können, wenn wir uns danach sehnen, zu Gott zurückzukehren.

Aber an Jesu göttlicher Natur ist noch mehr dran, das es uns möglich macht, eine Beziehung zu ihm zu haben.

Jesus: Gott für uns

Der Autor der Geschichte vom verlorenen Sohn hat noch mehr getan, als zur Erde zu kommen, um bei uns zu sein. Jesus hat außerdem seine Liebe zu uns bewiesen. Schon im ersten Jahrhundert haben die Menschen folgende Wahrheit über Jesus erkannt:

> *Er … war in allem ein Mensch wie wir.*
> *Er erniedrigte sich selbst noch tiefer*
> *und war Gott gehorsam bis zum Tod,*
> *ja, bis zum schändlichen Tod am Kreuz.*[65]

Jesus hatte beschlossen, dass er lieber sterben würde, als ohne uns zu leben.

Am besten wird das in dem Klassiker von Charles Dickens *Eine Geschichte von zwei Städten* dargestellt. Die beiden Hauptfiguren sind Charles Darnay und Sydney Carton, die sich sehr ähnlich sehen. Außerdem sind sie auch noch in die gleiche Frau verliebt, nämlich Lucie. Die hübsche Lucie entscheidet sich für Charles, sie heiraten und bekommen ein Kind.

Hintergrund der Geschichte ist die Französische Revolution. Charles wird von den Revolutionären festgenommen, in die Bastille gesteckt und zum Tode verurteilt. Daraufhin schleicht sich Sydney mit einigen Gefährten zu Charles in die Gefängniszelle und schlägt ihm einen Kleidertausch vor, damit man ihn für Charles hält. Dann käme Charles frei und könnte sein Leben mit seiner Frau Lucie und ihrem gemeinsamen Kind verbringen.

Charles lehnt ab und sagt, er würde so etwas niemals zulassen. Also tut Sydney das, was jeder gute Freund tun würde – er betäubt Charles. Sydney wird abgeführt und Charles ist frei.

Doch als Sydney seinem Tod entgegensieht, spricht eine andere Gefangene ihn an, die ihn für Charles hält. Sie hat große Angst vor ihrer Hinrichtung, aber als sie sich mit ihm unterhält, merkt sie, dass es sich bei ihm gar nicht um Charles handelt.

Sie fragt Sydney daraufhin: „Sterbt Ihr für ihn?"

„Und für seine Frau und sein Kind. Leise! Ja."

„Oh, darf ich eure mutige Hand halten, Fremder?"[66]

Sydneys Bereitschaft, für einen anderen zu sterben, bewegte sie so tief, dass sie selbst darin den Mut fand, ihrem eigenen Tod ins Auge zu sehen.

Sydneys Opfer ist dem, was Jesus für uns getan hat, sehr ähnlich. Er starb an unserer Stelle. Er ist ein Gott, der für uns ist. Der theologische Begriff für seine Tat am Kreuz ist *Sühne*. Sühne bedeutet die Wiedergutmachung für Unrecht und die Versöhnung mit Gott. Das können wir aus uns selbst heraus nicht erwirken. Wir brauchen Hilfe. Jesus ist für uns eingetreten und für uns gestorben. Er hat uns die Hilfe angeboten, die wir benötigen.

Ich will mich von euch finden lassen

Der Grund dafür, dass ich Sie so zuversichtlich auffordern kann, im Gebet darauf zu wetten, dass es Gott wirklich gibt, ist, dass ich den Autor der Geschichte kenne. Es ist derselbe, der zu uns gesagt hat: „Ich will mich von euch finden lassen."[67]

Wenn Sie gebetet haben: „Gott, wenn es dich wirklich gibt, dann zeig dich mir", dann haben Sie seine Gegenwart wahrscheinlich schon gespürt, auch wenn sie es nicht erklären können. Vielleicht haben Sie Situationen erlebt, die kein bloßer Zufall waren. Das ist Gott, der Ihnen nachgeht. Oder Sie haben eine Kraft in Ihrem Leben gespürt, die vorher nicht da war. Das ist Gott! Und Gott will Sie. Er wünscht sich eine Beziehung mit Ihnen.

Mein Freund Tony ist in einem christlichen Elternhaus aufgewachsen, aber er ist nur aus reiner Gewohnheit in den Gottesdienst gegangen, *um das zu tun, was Christen eben tun*, sagt er. Sobald er aufs College ging, hörte er auf, so zu tun als ob, und führte ein recht wildes Leben.

Nach seinem Abschluss zog Tony ans andere Ende der Welt und verstrickte sich in ziemlich üble Dinge. Seine Familie flehte ihn an, zu Gott zurückzukommen, aber er erwiderte nur ganz direkt: „Das ist was für euch, aber nicht für mich. Ich will so leben."

Eines Tages, nachdem er fast zehn Jahre vor Gott davongelaufen war, spielte er Basketball und verletzte sich das Knie. Die Ärzte sagten, er müsse nach Amerika zurückkehren und einen Spezialisten aufsuchen, um sich das Knie wieder aufbauen zu lassen. Außerdem müsse er anschließend für mindestens drei Monate irgendwo wohnen, bis sein Knie wieder fit sei. Er wusste, dass er Hilfe brauchte, und er konnte nirgends hin, außer nach Hause zu seinen Eltern. Also wohnte Tony wieder bei seiner Mutter und seinem Vater.

Bei seinen Eltern traf sich ein Hauskreis, und in diesem Hauskreis war eine junge Frau, auf die Tony ein Auge geworfen hatte. Er hatte schon so viele sexuelle Beziehungen gehabt, dass er sich nicht mehr an jede einzelne erinnern konnte, und darunter waren auch einige Mädchen gewesen, die behauptet hatten, Christen zu sein. Daher war er sich sicher, dass er auch dieses Mädchen ins Bett kriegen würde. Also begann er, in den Hauskreis zu gehen, in der Erwartung, sie sich zu angeln.

Womit er nicht gerechnet hatte, war die Art, wie die Gruppe ihn aufnahm. Und als das Mädchen ihn zum Gottesdienst einlud, ging er hin und hörte auf eine Art von Jesus, die völlig anders war als alles, was er bis dahin gehört hatte. Etwas in ihm fing an, sich zu verändern. Tony stellte sein Leben auf den Kopf, beschloss, Jesus nachzufolgen, und ließ sich taufen.

Er war nach Hause gekommen, um sein Knie wiederaufbauen zu lassen, aber letzten Endes wurde seine Beziehung zu Gott wiederaufgebaut.

Im Rückblick auf dieses Erlebnis meint er: „Wenn Gott hinter dir her ist, fackelt er nicht lange."

Gott hatte Tony nicht aufgegeben, obwohl Tony Gott aufgegeben hatte.

Gott ist in Jesus auf die Erde gekommen, um uns allen nachzugehen. Er „will nicht, dass auch nur einer von euch verloren geht".[68] Vielleicht ist jetzt der Augenblick, in dem Sie gefunden werden.

Der Weg zurück zu Gott

Es ist interessant, dass Jesus nicht der Einzige ist, der eine Geschichte mit einem verlorenen Sohn erzählt hat. Eine andere Weltreligion hat ebenfalls eine Geschichte von einem verlorenen Sohn, in der in etwa die gleichen Personen vorkommen. Auch die Situation ist ähnlich, die Handlung entwickelt sich gleich, und der innere Konflikt des jüngeren Sohnes ist ebenfalls genau der gleiche. Aber am Schluss weichen die beiden Geschichten voneinander ab. Als der Vater den Sohn findet, lässt er ihn zwanzig Jahre in Armut leben, damit er einsieht, wie falsch sein Verhalten war.

Der Erzähler dieser Geschichte kennt Gott nicht.

Jesus sagt: „Ich bin der Weg, ich bin die Wahrheit, und ich bin das Leben!"[69] Er erinnert uns daran, dass er Gott kennt, dass er Gott ist und dass er der Weg zurück zu einem neuen Leben in Gott ist – wenn wir ihm folgen.

Sie haben, genau wie Aaron, nur drei Möglichkeiten für Ihre

eigene Entscheidung: Jesus ist ein Lügner, ein Geisteskranker oder Gott. Welche Option wählen Sie? Wenn Sie jetzt *Gott* antworten, dann geben Sie zu, dass Jesus der Weg zurück zu Gott ist.

„Kommt, folgt mir nach!", lautete die einfache Aufforderung von Jesus an seine ersten beiden Jünger, Petrus und Andreas, mit der er ihnen ein *Zoe*-Leben anbot, das augenblicklich anfangen und nie mehr enden sollte.[70] Jesus hat auch für Sie die gleiche, einfache Aufforderung: „Komm, folge mir nach!" Und wenn Sie Jesus in diesem Leben nachfolgen, werden Sie ihm auch ins nächste Leben folgen. Jesus hat versprochen: „Wer sich vor den Menschen zu mir bekennt, zu dem werde ich mich auch vor meinem Vater im Himmel bekennen."[71] Wenn Sie sich hier und heute als Christus-Nachfolger bekennen, wird er im Himmel in der Ewigkeit verkünden, dass er Sie kennt.

Vielleicht ist das nichts Neues für Sie. Womöglich haben Sie schon vor Jahren angefangen, Jesus nachzufolgen, aber irgendwann haben Sie ihn unterwegs aus dem Blick verloren und sind vom Weg abgekommen. Es gibt tausend mögliche Gründe, weshalb er weit weg zu sein scheint, und Sie wünschen sich die Nähe zu ihm zurück, die Sie früher einmal verspürt haben, als Sie noch an seiner Seite gingen. Wie gut ist es da, dass Sie sich wieder ganz neu für ihn und seine Nachfolge entscheiden können. Jedes Mal, wenn Sie sich von ihm abgewendet haben, können Sie Buße tun, seine Gnade annehmen und von vorne anfangen. Das ist das Wunderbare an Jesus: seine grenzenlose Bereitschaft, die geistlichen Heimkehrer wieder und wieder und wieder anzunehmen.

Wenn Sie all das gelesen haben, was ich zum Thema *Annahme unserer eigenen Hilfsbedürftigkeit* geschrieben habe, und Sie das tiefe Verlangen danach verspüren, (wieder neu) Jesus zu folgen, dann ist das Ihr Erwachen zur Hilfe. Nein, Sie können nicht aus eigener Kraft Ihr Leben neu beginnen und eine Beziehung zu Gott aufbauen. Dazu brauchen Sie Jesus. Aber er wartet auf Sie. Er ist der Weg zu Gott. Folgen Sie ihm.

Reisender, Suchender, Verlorener und geliebtes Kind Gottes – willkommen daheim!

Aber wenn Sie Nein zu Jesus sagen, werden Sie leider weiter steckenbleiben, und das Bedauern wird in Ihrem Leben immer mehr zunehmen.

Ich vermisse ihn

Vielleicht haben Sie schon einmal von Billy Graham gehört. Aber in den 1940er-Jahren war der Name Charles Templeton in Amerika ebenso bekannt.

Templeton war ein enger Freund und Predigerkollege von Billy Graham. Er war Mitbegründer einer internationalen christlichen Jugendorganisation und gründete eine große Gemeinde in Toronto. Aber irgendwann kam er in seinem Leben an einen Punkt, an dem die Zweifel ihn überkamen und aus ihnen sogar Unglaube wurde. Schließlich lehnte er seinen christlichen Glauben ganz ab.

Er sagte sogar einmal: „Graham tut mir leid. Er hat geistigen Selbstmord begangen, indem er seinen Verstand abschaltete.“[72]

Templeton trat von seinem Dienst zurück und schrieb eine Kritik des christlichen Glaubens mit dem Titel „Farewell to God: My Reasons for Rejecting the Christian Faith“ (Anm. d. Übers.: Abschied von Gott: Warum ich den christlichen Glauben ablehne).

Vor Jahren wurde Templeton im Alter von 83 Jahren zu seinem Leben und zu seiner Spiritualität befragt. Sein Interviewpartner stellte ihm auch Fragen über Jesus und bekam eine überraschende Antwort. Templeton sagte:

> *Er war … der großartigste Mensch, der je gelebt hat. Er war ein moralisches Genie. Sein Sinn für Ethik war einzigartig. Er war der klügste Mensch, der mir im Leben oder in Büchern je begegnet ist …*

Er ist das Wichtigste in meinem ganzen Leben ... Ich weiß, das klingt jetzt vielleicht seltsam, aber ich muss sagen ... ich verehre ihn!
Alles Gute, alles Anständige, alles Reine, das ich kenne, habe ich von Jesus gelernt.
Er ist der absolut wichtigste Mensch, der je gelebt hat.

Dann fügte er hinzu:

Und wenn ich das einmal so sagen darf: Ich ... vermisse ihn![73]

Als er das sagte, füllten sich seine Augen mit Tränen, und er fing an zu weinen. Damit war dann das Interview beendet.

Der Theologe und Philosoph der Antike, Augustinus, sagte einmal zu dem Thema *Gott finden*: „Du hast uns zu dir hin erschaffen, und unser Herz findet keine Ruhe, bis es Ruhe findet Gott in dir."[74]

Wenn Sie glauben, dass der Autor der Geschichte Gott ist, und Sie angefangen haben, ihm nachzufolgen, dann haben Sie sich anders entschieden als Templeton: Sie haben sich entschieden, nicht mit diesem Gefühl im Herzen zu leben, Gott zu vermissen. Es ist, als wären Sie durch ein Tor gegangen und hätten einen Blick auf eine ganz neue Aussicht geworfen. Sie haben einen Ort gesehen, an dem Ihr Herz zur Ruhe kommt. Sie sind zu Hause. Das ist wunderbar!

Gottes geliebtes Kind zu sein, erscheint so großartig, dass Sie vielleicht sogar Mühe haben zu glauben, dass es wahr ist.

DAS ERWACHEN DER LIEBE:

GOTT LIEBT MICH ALSO DOCH VON HERZEN.

„Vater“, sagte der Sohn, „ich bin schuldig geworden an Gott und an dir. Sieh mich nicht länger als deinen Sohn an, ich bin es nicht mehr wert.“

Lukas 15,21 (Hfa)

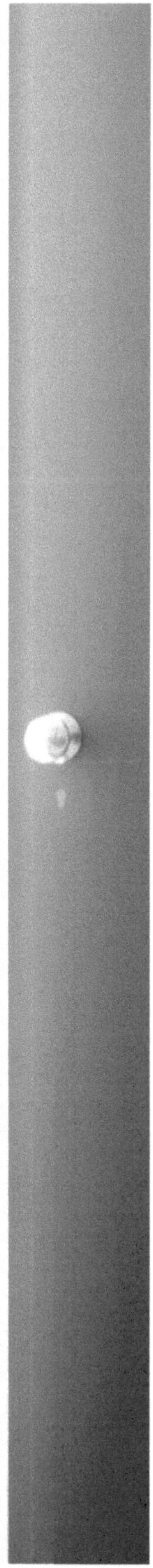

12 DER SCHATTEN, DER DIR NACH HAUSE FOLGT

Im Freudentaumel Ihres neuen Lebens mit dem Vater erscheint das nächste Erwachen vielleicht eher wie ein Rückschritt. Gott bietet Ihnen etwas an, das Sie wollen und brauchen: Er heißt Sie willkommen. Aber irgendetwas in Ihnen sträubt sich vielleicht dagegen. Jon und ich haben diese Reaktion auf Gottes Gnade oft bei anderen Menschen beobachtet.

Auch der Sohn in unserer Geschichte hat sich gesträubt. In der Szene auf der Straße hatte der Vater nur eins im Kopf: Er wollte dem Sohn seine Liebe zeigen und seine übergroße Freude über seine Heimkehr. Aber die ersten Worte aus dessen Mund handelten nur von seinen schrecklichen Fehlern und davon, dass er das Gefühl hat, nicht mehr zur Familie zu gehören.

Wir haben die wohlformulierte Rede des Sohnes schon gelesen. Aber jetzt möchte ich hervorheben, dass die Sicht des Sohnes von sich selbst, auch nachdem der Vater ihm entgegengerannt kam, ihn umarmte und küsste – auch nach all diesen unmissverständlichen Zeichen der Liebe und Annahme –, nicht sofort mit der neuen Realität mithalten konnte. Er fühlte sich immer noch unwürdig, sein Sohn zu sein.

„Vater", sagte der Sohn, „ich bin schuldig geworden an Gott und an dir. Sieh mich nicht länger als deinen Sohn an, ich bin es nicht mehr wert."[75]

Sie reagieren vielleicht ganz ähnlich. Gottes Gnade, Annahme und Vergebung sind womöglich zu viel für Sie. Es ist zu schön, um wahr zu sein, zumindest für Sie.

Das ist verständlich.

Aber kommen Sie drüber hinweg!

Was auch immer Sie getan haben

Es war einmal eine kleine Stadt in Texas, in der jeder alles über jeden wusste. Deshalb dachten auch alle Einwohner, dass der Sohn des Baptistenpastors und die Tochter des Pastors der *Church of Christ*-Gemeinde das perfekte Paar wären, sobald sie begonnen hatten, miteinander auszugehen – bis bekannt wurde, dass sie schwanger war.

Zwei Pastorenkinder in einer kleinen Stadt in Texas, die nicht miteinander verheiratet waren, erwarteten ein Baby. In dieser konservativen Südstaatengemeinde konnte das bedeuten, dass beide Väter ihren Job verloren und womöglich sogar ihren Beruf aufgeben mussten. Dieser Umstand wurde als so beschämend betrachtet, dass er das weitere Leben dieser Familien noch lange, nachdem sie die Kleinstadt verlassen hatten, begleiten würde.

Der Sohn wusste, dass er seinem Vater selbst von der Schwangerschaft berichten musste. Doch als er dessen Büro betrat, um ihm alles zu erzählen, brach er weinend zusammen. Er brachte nur noch heraus: „Es tut mir so furchtbar leid."

Der Vater, der zu diesem Zeitpunkt noch nicht wusste, warum sein Sohn so aufgelöst war, nahm seine Bibel vom Regal und begann, die Geschichte vom Verlorenen Sohn zu lesen.

Als der Vater die Geschichte beendet hatte, nahm er seinen 17-jährigen Sohn in die Arme und sagte: „Was auch immer du getan hast, ich möchte, dass du weißt, dass ich dich liebe und dass ich dir vergebe. Nichts auf der Welt kann das ändern. Ich könnte dich niemals mehr lieben und ich könnte dich auch niemals weniger lieben." Anschließend hielt der Vater seinen weinenden Sohn noch lange in seinen Armen.

Ich mag diese Geschichte sehr, denn sie hat viel von unser aller Geschichte. Wenn wir uns auf den Weg zurück zu Gott machen, werden wir von unserem himmlischen Vater begrüßt, der uns sogar entgegenrennt, um uns zu umarmen und zu sagen: „Was auch immer du getan hast, ich möchte, dass du weißt, dass ich dich liebe und dass ich dir vergebe." Nehmen Sie das ganz in sich auf. Das gilt für Sie ein für alle Mal und bis in Ewigkeit.

Das habe ich nicht verdient

Für jemanden, der so weit und so lange weg war, mag es völlig unrealistisch scheinen, vom himmlischen Vater zu Hause willkommen geheißen und angenommen zu werden – ganz ohne Fragen zu stellen.

Wir haben ein bestimmtes Bild von uns selbst, doch Gott hat ein ganz anderes. Wir schauen voller Versagen und Scham auf unsere Vergangenheit und er sieht voller Liebe und Mitgefühl auf uns.

Jon und ich nennen diese Phase der Reise das *Erwachen der Liebe.* Diesen Teil beginnen wir mit dem Satz: „Das habe ich nicht verdient." Denn dass er uns annimmt, ist einfach unglaublich. Was Gott sagt und tut, ist das *genaue Gegenteil* von dem, was wir zu verdienen glauben, und das bringt uns zu der erstaunlichen Erkenntnis: „Gott muss mich zutiefst lieben."

Dieses Erwachen bringt uns einen großen Schritt weiter. Es ist ein Durchbruch. Uns wird vielleicht zum ersten Mal klar, dass keiner von uns eine zweite Chance verdient hat. Keiner von uns hat Vergebung verdient, und wir haben es ganz bestimmt nicht verdient, bedingungslos geliebt zu werden. Aber das werden wir! *Sie* werden das! Sie haben es nicht verdient, aber Gott tut es trotzdem.

Diese Gnade ist das größte Geschenk, das ein Mensch bekommen kann. Sie ist ein Geschenk, das Gott seinen Kindern freimütig immer und immer wieder gibt. Aber weil Jon und ich festgestellt haben, dass verlorene Kinder, die gerade frisch nach Hause gekommen sind, oft Mühe haben, dieses Geschenk festzuhalten, haben wir noch ein Gebet, das Ihnen in der Annahme dieses Geschenkes helfen kann. Beten Sie einfach:

Gott, wenn es dich wirklich gibt,
dann zeig dich mir.
Wecke in mir das Bewusstsein,
dass ich dein bedingungslos geliebtes Kind bin.

Beten Sie dieses Gebet immer wieder, denn Sie werden viel Vertrauen in Gottes Gnade brauchen, um den Schatten der Scham zu vertreiben, der Ihnen nach Hause gefolgt ist.

Gehen wir noch einmal zurück zu dem verlorenen (inzwischen gefundenen) Sohn. Sein Beispiel zeigt uns die allgemeine menschliche Tendenz, hinter dem plötzlichen Wechsel der Vorzeichen zurückzubleiben, den Gottes Gnade in dieser Welt bewirkt.

Schamgeflüster

Wir verstehen nicht wirklich, wie viel den Menschen zur Zeit Jesu ihr Ruf bedeutet hat. Versagen war damals niemals nur das Versagen eines Einzelnen; es fiel auf die ganze Familie zurück. Die falsche Entscheidung des Sohnes bedeutete also nicht nur für ihn unerträgliche Schande, sondern auch für den Vater, den Bruder und alle anderen Familienmitglieder.

Wie soll der Sohn also einen Vater verstehen, der ihn zu Hause willkommen heißt, ihn an sich drückt und nicht mehr loslässt? Der Sohn kann nicht anders, als mit seiner Selbstverurteilung herauszuplatzen: „Ich bin es nicht mehr wert."

Fragen Sie sich nicht auch, wie oft er diesen Satz auf dem langen, schamvollen Weg nach Hause geübt hat? Ich wette, er hat ihn tausendmal aufgesagt!

„Ich bin es nicht mehr wert …"

„Ich bin es nicht mehr wert …"

„Ich bin es nicht mehr wert …"

Aber was wäre gewesen, wenn die Scham den Sohn davon abgehalten hätte, nach Hause zu kommen? Was wäre gewesen, wenn die Scham ihn davon abgehalten hätte, die Liebe des Vaters anzunehmen? Dann wäre diese Geschichte ganz anders ausgegangen.

Wenn es Ihnen so geht, dann kennen Sie den Ohrwurm der Scham nur zu gut. Die Scham flüstert: „Du bist nicht wichtig", und „Du bist nicht liebenswert." Die Scham schreit: „Du bekommst keine Chance mehr!" Die Scham bringt Selbstverurteilung über uns, und wenn wir dann zum ersten Mal der Gnade begegnen, dann wiederholen wir dieses „Das habe ich nicht verdient" immer und immer wieder.

Als Pastor habe ich über die Jahre hinweg versucht, vielen Menschen auf ihrer geistlichen Reise zu helfen. Dabei habe ich in Bezug auf die Scham einige Dinge beobachtet. Ich will hier einmal auf etwas Wichtiges bezüglich der Scham hinweisen. Vielleicht haben Sie diese Erfahrung auch schon gemacht.

Es scheint, dass die Scham bei zwei verschiedenen Arten von Erfahrungen in unser Leben tritt. Zunächst einmal taucht sie auf, wenn wir an einem anderen Menschen schuldig werden. Wenn wir jemanden wütend anfahren, dann verfolgt uns die Scham und erinnert uns ständig an unser Verhalten. Wenn wir selbstsüchtig sind, schleicht sie sich als Schuldgefühl in unser Bewusstsein. Und wenn wir zulassen, dass uns niedere Motive zu Handlungen auf Kosten anderer treiben, dann ist die Scham der Begleiter auf unserer geistlichen Reise. Das ist menschlich. Die Scham wird uns die ganze Zeit folgen, bis zur Umarmung mit Gott, und wird versuchen, uns einzureden, dass wir diese Umarmung nicht verdient haben.

Aber damit ist die Macht der Scham noch nicht am Ende. Es gibt auch Gelegenheiten, bei denen uns andere auf eine Art Unrecht getan haben, die Gott niemals wollte. Wenn andere uns missbrauchen, bleibt Scham zurück, auch wenn deren Schuld und unsere Unschuld später offensichtlich werden. Wenn andere uns nicht lieben oder wertschätzen oder respektieren, bleibt die Scham bei uns, auch wenn diese Menschen schon längst aus unserem Leben verschwunden sind. Wenn wir das Opfer eines Unrechts an uns sind, dann legt uns die Scham mit derselben Lüge herein, die sie auch flüstert, wenn wir selbst schuld sind: „Du? Du hast das nicht verdient!"

Kommt Ihnen irgendetwas davon bekannt vor?

Was auch immer die Wurzel der Scham ist, mit der Sie sich herumschlagen, es gibt etwas, das die Kraft hat, sie aus Ihrem Leben zu vertreiben.

Die Umarmung der Gnade

Meine Schwiegermutter Lola schien sich bei Umarmungen immer unwohl zu fühlen. Sie ist in einer Alkoholikerfamilie aufgewachsen, in der so gut wie nie Zuneigung, Zärtlichkeit oder Liebe gezeigt wurden. Wenn ich sie begrüßt habe, habe ich immer die Arme ausgebreitet, um sie zu umarmen. Aber ihre Reaktion war jedes Mal gleich unbeholfen: dreimal feste auf die Schulter klopfen und schnell wieder loslassen. Wenn Sie mich fragen, hat sie sich in den Armen eines anderen Menschen einfach nicht sicher gefühlt.

Genauso kämpfen auch viele von uns damit, sich in Gottes Armen wirklich wohlzufühlen. Doch trotz unseres Widerwillens hält er uns fest und besteht darauf: „Du gehörst zu mir. Ich gehöre zu dir. Hier ist dein Platz."

Vielleicht haben Sie sich schon dabei ertappt, dass Sie gesagt haben: „Ich habe keine zweite Chance verdient", oder „Ich habe die Vergebung nicht verdient", oder „Ich habe die Gnade nicht verdient." Passen Sie jetzt bitte gut auf: Gerade für Sie hat Jesus die Geschichte vom verlorenen Sohn erzählt. Er wollte Sie mit einer Geschichte über die Gnade, der Sie nicht widerstehen können, in die Wahrheit hineinziehen. Er wollte, dass Sie sich nach der unendlichen Vergebung und der bedingungslosen Liebe Gottes ausstrecken. Die Gnade hat die Macht, die Schuld und die Scham in Ihrem Leben völlig zu verdrängen.

Du kannst deine Vergangenheit nicht ändern, aber Gott kann deine Zukunft ändern

Die Scham hielt Leslie fast ihr ganzes Leben lang gefangen. Sie schämte sich für ihren Vater, der spielsüchtig war. Sie schämte sich für ihre Mutter, die in Leslies Jugend eine Reihe von Affären mit verheirateten Männern gehabt hatte. Sie schämte sich dafür, dass sie selbst zweimal geschieden war, und fühlte sich schuldig, als ihr Exmann sich das Leben nahm. Und die Scham verfolgte sie, als sie mit vierzig eine Abtreibung hatte.

Leslie sagt heute: „Die Scham war mein Gefängnis, und sie hielt mich vor dem einen versteckt, der mir vergeben und mich befreien konnte."

Als Leslie zum ersten Mal den Mut hatte, ihre Geschichte zu erzählen, drang das Licht der Gnade allmählich in ihre Dunkelheit hinein. Denn ihre Freundin hörte bei ihrem Bericht über alles, was sie getan hatte und auch was sie erdulden musste, genau zu und sagte dann: „Leslie, du kannst deine Vergangenheit nicht ändern, aber Gott kann deine Zukunft ändern."

Diese Worte waren wie der Schlüssel, der sie aus dem Gefängnis ihrer Scham befreite und ihr die Tür zu einem ganz neuen Leben öffnete.

In den nächsten Jahren fand Leslie den Weg zurück zu Gott. Sie lernte zu verstehen, dass ihre Identität nicht von dem bestimmt wurde, was sie getan hatte oder was ihr angetan worden war. Heute sagt sie: „Ich bin Gottes heiß geliebtes Kind. Punkt."

Manchmal denkt sie immer noch: „Das habe ich nicht verdient." Aber sie hört auch Gottes Stimme, die sagt: „Ganz gleich, was du getan hast, dir ist vergeben, und du bist geliebt." Heute hilft Leslie anderen Frauen, die mit einer schmerzlichen Vergangenheit kämpfen, ihren Weg zurück zu Gott zu finden.

Lassen Sie sich nicht von den Fehlern und dem Versagen in Ihrer Vergangenheit bestimmen. Das ist die Stimme der Scham. Sie sind nicht das, was Sie getan oder nicht getan haben. Sie sind auch nicht das, was Ihnen angetan wurde. Sie sind, was Gott über Sie sagt: sein Kind!

Tanzt du mit mir?

Sophie ist in einem Elternhaus aufgewachsen, in dem Disziplin, gute Leistungen und Ehre wichtig waren. Daher könnte man ihre Beziehung zu Gott in ihrer Jugend bestenfalls als förmlich und streng beschreiben. Sie war ernsthaft bemüht, Gott zu ehren, indem sie Bibelverse auswendig lernte, betete und bei jeder Gelegenheit in die Kirche ging. Sie gab sich große Mühe, brav zu sein.

Aber brav sein ist nicht das Gleiche wie geliebt sein.

Obwohl Sophie von klein auf viel über Gott gelernt hatte, schien er immer noch weit weg und fern zu sein.

Sie erzählte mir: „In meinem Kopf hatte ich Glauben, aber Gottes Herz kannte ich nicht, und ich hatte das Gefühl, dass er meines auch nicht kennt. Ich hatte viel über Gott gelernt, aber erst auf der Uni fing Gott an, um mich zu werben, und ich fand zu ihm zurück."

Als sie auf einer Studentenfreizeit war, bei der es um das Leben von Jesus ging, forderte der Redner Sophie und die anderen auf, die Augen zu schließen. Sophie weiß noch, dass sie dachte: *Na toll. Nicht schon wieder so ein gefühlsduseliges Stellt-euch-alle-vor-Ding. Ich bin hergekommen, um in der Bibel zu lesen. So was mache ich nicht.* Aber da alle anderen mitmachten, schloss auch sie die Augen. Nach einem Gebet und einem Augenblick der Stille sagte der Redner: „Jetzt ist die Zeit. Gott ist hier. Wie kommt dir Gott entgegen?"

Sophie erzählt von diesem Augenblick: „Es war wie ein Blitz, der mein Herz erreichte, bevor mein Verstand sich einschalten konnte. In diesem Augenblick sah ich vor meinem geistigen Auge das Bild einer Axt, die auf das zugefrorene Meer in meinem Herzen schlug."

Bevor ich Ihnen erzähle, was in diesem Augenblick mit ihr geschah, soll Sophie Ihnen mit ihren eigenen Worten von einem peinlichen Erlebnis erzählen, das sie einmal in der Schule gehabt hatte.

> *Als ich in der Unterstufe war, musste ich in diesen schrecklichen Kurs gehen, der 14-Tage-Kurs hieß. Es war ein Kurs über Manieren und Benimm, der alle 14 Tage am Donnerstag stattfand. Es war wie in dem Buch „Stolz und Vorurteil" – nur für Zwölfjährige. Die Mädchen mussten Kleider tragen und die Jungs Anzug und Krawatte. Wir lernten, wie man Punsch ausschenkt, Foxtrott tanzt und andere Standardtänze.*
>
> *Meistens wurden uns unsere Partner zugeteilt, aber am Abschlussball war alles etwas anders. Alle Eltern sahen zu, während die Mädchen sich auf der einen Seite an der Wand aufstellen mussten und die Jungen an der anderen. Die Lehrer legten einen Walzer auf und die Jungs sollten über die Tanzfläche gehen und sich eine Partnerin aussuchen. Die*

Jungs mussten auf uns zukommen, sich verneigen und uns die Hand hinhalten. Wir mussten einen Knicks machen, uns bei den Jungen einhaken und dann mit ihnen zur Mitte der Tanzfläche gehen. Es war absolut demütigend.
Ich weiß noch, wie ich in dieser Reihe stand und innerlich alle und jeden anflehte: „Bitte wähle mich. Bitte wähle mich. Bitte fordere mich zum Tanz auf." Es gab ein wildes Durcheinander, als die Jungs zu den beliebten, hübschen Mädchen rannten. Und dann gab es dieses peinliche Zögern, als die Verlierer sich für eines der übrigen Mädchen entscheiden mussten. Schon bald zeigte sich, dass auch noch ein Mädchen mehr da war, als Jungen anwesend waren. Und als die Jungs auf uns zukamen, ließ ich den Kopf hängen und schloss beschämt die Augen, denn ich wusste bereits, dass ich nicht ausgewählt wurde.
Als ich irgendwann wieder aufschaute, war es tatsächlich so. Ich stand alleine an der Wand. Ganz alleine. Ich fühlte mich hässlich, beschämt und unerwünscht.

Für Sophie war dieses Erlebnis auf der Tanzfläche das genaue Abbild dessen, wie sie sich bei Gott fühlte. Sie glaubte nicht, dass er sich wirklich für sie interessierte.

„Gott schien sehr weit weg zu sein, genau wie alle anderen auch", sagte sie.

Weil sie Gottes Liebe nicht verstand, entstellte das ihre Perspektive, ihre Persönlichkeit, ja ihr ganzes Wesen. Ihre Erzählung von jenem demütigenden Abschlussball geht so weiter:

Weil sie sah, dass ich vor allen Eltern und Klassenkameraden alleine an der Wand stand, kam die Tanzlehrerin zu mir, um mit mir zu tanzen.

Nach mehreren Tänzen verkündete sie: „Nun, Jungs, ihr wollt vielleicht nicht mit Sophie ausgehen, aber wenn ihr den Tanzwettbewerb nächste Woche gewinnen wollt, solltet ihr mit ihr tanzen."

Diese Stimme hörte ich immer und immer wieder. Sie bestätigte mir, wer ich von nun an sein würde. Ich würde niemals begehrt sein, aber ich war nützlich. Der einzige Grund, weshalb jemand mit mir zusammen sein wollte, war, dass ich demjenigen helfen konnte, etwas zu erreichen oder gut dazustehen.

Also arbeitete ich daran, verantwortungsbewusst, fähig und hilfsbereit zu sein. Bei all meinem eifrigen Bestreben erschien mir Gott weit weg und fordernd zu sein. Deshalb kam ich zu dem Schluss, dass Gott vielleicht irgendwo war, aber dass ich mich um mich selbst kümmern und aus eigener Kraft alles tun musste, um nicht noch einmal alleine auf der Tanzfläche zu stehen.

Und dann kam der Augenblick auf der Studentenfreizeit. Am Ende seines Gebets sagte der Redner: „Gott ist hier. Wie kommt er dir entgegen?"

In diesem Augenblick sah Sophie Jesus. Sie erzählte mir: „Er kam auf mich zu und zwar nur auf mich. Als Jesus auf mich zukam, hielt er mir die Hand hin und forderte mich zum Tanz auf. Jesus stand direkt vor mir, nannte meinen Namen und lud mich voller Freude in seine Arme ein, um mit ihm zu tanzen."

Möchten Sie Gott finden? Sophie würde Ihnen versichern, dass er Ihnen entgegenkommt, trotz allem, was Sie getan haben, und allem, was Sie durchgemacht haben, und Jon und ich tun das auch. Er will Ihre Hand. Er wird Sie in eine Umarmung der vollkommenen Liebe und Annahme ziehen.

13 IHRE NEUE IDENTITÄT

Mein Freund Jared war mit seiner Frau Lena auf einer Luxuskreuzfahrt zu den Bahamas, die er gewonnen hatte, weil er einer der Besten in seiner Firma war. Außer ihm hatten auch noch andere aus seiner Firma an der Kreuzfahrt teilgenommen. Frühmorgens, als es gerade Zeit war aufzustehen, erreichten sie wieder Fort Lauderdale und legten an. …

Auf einmal machte es *peng, peng, peng!* Jemand hämmerte gegen ihre Kabinentür. Lena stand näher an der Tür und öffnete sie einen Spalt breit.

Aber der Spalt war schon genug. Sechs Drogenfahnder mit kugelsicheren Westen kamen hereingestürmt und richteten ihre halbautomatischen Waffen auf Jared, der in Unterwäsche auf dem Bett saß. Können Sie sich diesen Schreck vorstellen?

„Was, was, was?!", schrie Jared.

„Keine Bewegung!", schrie einer der Beamten. „Sie sind verhaftet!"

Die Beamten hatten aus sechs verschiedenen Bundesstaaten Haftbefehle wegen Drogenhandels gegen ihn.

Sofort füllte sich der Gang vor Jareds und Lenas Kabine mit leitenden Mitarbeitern seiner Firma, die sich wunderten, was da los war.

„Ich hatte keine Ahnung, warum die Drogenfahnder da waren", sagte Jared später. „Ich war total baff. Offensichtlich hatten sie den

Falschen erwischt und ich musste das irgendwie klären. Aber noch schlimmer war, dass ich sofort wusste, was mein Boss und meine Kollegen jetzt dachten, nämlich dass ich irgendein Bösewicht sein musste. Mir rutschte das Herz in die Hose."

Jared war das Opfer eines Identitätsdiebstahls geworden. Ohne sein Wissen hatte sich jemand seine Sozialversicherungsnummer und seine Kreditkartennummern angeeignet und dieser Jemand war in höchst illegale Machenschaften verstrickt.

Es dauerte zwei Stunden, bis Jared die Drogenfahndung davon überzeugt hatte, dass sie den Falschen erwischt hatten, und ihn gehen lassen mussten. Und dann brauchte es Wochen, bis er den Vorgesetzten seiner Firma in schwierigen Unterhaltungen erklärt hatte, was wirklich passiert war. Im Verlauf der Sache musste er Tausende von Dollar für Anwaltskosten ausgeben, um seinen Namen wieder reingewaschen zu bekommen.

Jared erfuhr, wie beunruhigend und kostspielig es sein kann, seine Identität zu verlieren.

In gewisser Weise ist der Identitätsdiebstahl auch das, was dem Sohn in Jesu Geschichte passiert ist. Ich meine damit Folgendes: Er ging von zu Hause weg, auf der Suche nach Liebe, einem Ziel, Sinn und Vergnügen – alles Dinge, nach denen wir suchen, wenn wir dieses Gefühl haben: *Es muss noch mehr geben.* Aber um das *Mehr* zu bekommen, nach dem er suchte, musste er sein Familienerbe eintauschen. Kein Wunder, dass er sich kaum noch selbst erkannte und vergessen hatte, woher er kam und was alles dazugehörte, als er endlich zur Besinnung kam. Seine falschen Entscheidungen hatten ihm die richtige Sicht von sich selbst geraubt.

Ich erinnere mich an einen Satz, den ich einmal von einem Redner aus den Südstaaten gehört habe: „Sei, wer du bist, denn wenn du nicht bist, wer du bist, dann bist du, wer du nicht bist." Der verlorene Sohn wurde, wer er nicht war.

Dann kam die überraschende Umarmung und die unerwartete Aufnahme durch den Vater, gefolgt von der Reaktion des Sohnes. Erkennen Sie den Identitätsdiebstahl in seinen gequälten Worten? „Ich bin es nicht mehr wert, dein Sohn genannt zu werden." Dieses Problem haben viele von uns, wenn wir zu unserem himmlischen Vater nach Hause kommen.

In diesem Kapitel wollen wir unsere wahre Identität von der anderen Seite dieses Schlüsselereignisses betrachten – von der Seite, auf der Sie stehen, wenn Sie die Liebe des Vaters angenommen haben. Etwas hat sich grundlegend verändert. Sie haben eine neue Identität.

Wie ist das passiert? Und wer sind Sie jetzt?

Beginnen wir mit dem Erwachen, für das Sie gebetet haben: *Wecke in mir das Bewusstsein dafür, dass ich dein bedingungslos geliebtes Kind bin.* Was bedeutet es, vom himmlischen Vater bedingungslos geliebt zu werden?

In Annahme gekleidet

Während der Sohn immer noch kopfschüttelnd darauf bestand: „Ich bin es nicht mehr wert, dein Sohn genannt zu werden", rief der Vater nach seinen Dienern:

> *„Schnell, holt das beste Gewand und zieht es ihm an, steckt ihm einen Ring an den Finger, und bringt ihm ein Paar Sandalen!"*[76]

Sie können sich sicher vorstellen, dass der Sohn verwirrt war. „Gewand? Ring? Sandalen? Für mich?" Jedes dieser Geschenke des Vaters war ein Beweis seiner Liebe und jedes davon hatte eine große Bedeutung in der damaligen Kultur. Wir betrachten sie im Folgenden einzeln.

Das Gewand: Ein Symbol der Ruhe. Auf Anweisung des Vaters

bringen die Diener das beste Gewand und legen es dem Sohn um. Aber was war das beste Gewand im Haus? Natürlich das Gewand des Vaters. Der Vater gibt ihm kein altes Gewand oder ein Gewand, das er übrig hat. Er gibt seinem Sohn sein eigenes.

Dabei stelle ich mir vor, wie der Sohn sagt: „Nein, nein … du weißt nicht, wo ich war. Du weißt nicht, was ich getan habe. Was du mir gegeben hast … ist alles weg!“ Und trotzdem legt ihm der Vater das beste Gewand um.

Und als sich das Gewand um ihn legt, spürt der Sohn, wie Ruhe über ihn kommt. Er muss nicht mehr rennen. Er muss sich nichts mehr beweisen. Er muss sich nicht mehr anstrengen. Alles wird wieder gut. So fühlt sich Zuhausesein an.

Jetzt kommt er zur Ruhe.

Der Ring: Ein Symbol der Sicherheit. Als Nächstes steckt der Vater dem Sohn einen Ring an den Finger. Früher hat man in Gegenwart eines Königs immer dessen Ring geküsst, weil er ein Symbol seiner Macht war. Jemandem einen Ring zu geben, bedeutete, ihm eine Autoritätsstellung zu verleihen. Unter reichen Leuten war er ein Zeichen für Würde und Wohlstand. Könige und Pharaonen besiegelten mit einem Siegelring ihre Erlasse, damit sie offiziell waren.

Erkennen Sie, was hier passiert? Mit dem Anstecken des Rings überträgt der Vater alle Macht und Autorität auf den Sohn. Der Sohn, der völlig pleite war, konnte nun den finanziellen Stand seines Vaters für sich nutzen. Das ist so, als würde man heutzutage seinem Kind eine Kreditkarte ohne Limit geben. Als der Sohn auf den Ring sah, wusste er, dass er nie wieder hungrig sein würde, nie wieder obdachlos und dass ihm nie wieder irgendetwas fehlen würde. Der Ring besiegelte seine Identität und brachte ihm ungeheure Sicherheit.

Sandalen: Ein Symbol der Annahme. In einem jüdischen Haushalt der Antike trugen nur die Hausbesitzer Sandalen. Sklaven und Diener gingen barfuß.

Aber ich stelle mir vor, dass der Sohn barfuß nach Hause gekommen ist. Er kam bettelarm an und sah eher wie ein Diener oder Sklave aus als wie der Sohn des Hausherrn. Als der Vater seinem Sohn Sandalen gab, drückte er damit symbolisch und öffentlich aus: „Willkommen zu Hause. Du bist kein Sklave. Du bist mein Sohn. Wir sind eine Familie."

Diese drei Geschenke beweisen, dass seine wahre Identität wiederhergestellt war. So sehr er vielleicht auch damit kämpfte, sie anzunehmen, so wusste er doch, dass er sie genießen durfte. Wer ist er nun *wirklich*? Er ist kein Fremder oder Versager. Er ist wieder der Sohn. Er gehört zur Familie. Das ist seine neue Identität!

Als das Gewand, der Ring und die Sandalen ihn äußerlich verwandelten, war der Sohn vielleicht versucht, „was, was, was?!" zu stammeln, so wie mein Freund Jared, als seine Identität infrage gestellt wurde.

Aber dazu hatte er keine Gelegenheit, denn in der Geschichte ruft der Vater gleich darauf:

> *Schlachtet das Mastkalb! Wir wollen essen und feiern! Denn mein Sohn war tot, jetzt lebt er wieder. Er war verloren, jetzt ist er wiedergefunden.*[77]

Von tot zu lebendig, von verloren zu gefunden? Das schreit ja geradezu nach einer Party. Und genau das passiert in der Geschichte. Der Vater lädt Freunde und Verwandte von nah und fern ein, um die Rückkehr seines Sohnes mit Tanz, Gesang und leckerem Essen zu feiern.

Ich vermute, dass der Sohn irgendwann im Laufe dieser riesigen Feier, während er das Essen und seine neuen Kleider genoss, die Liebe seines Vaters begriff: *Ich bin der zutiefst und bedingungslos geliebte Sohn meines Vaters!*, dachte er. Und als er sich umsah, verstand er schließlich, dass seine Vergangenheit durch die Gnade seines Vaters wiedergutgemacht war. Passen Sie gut auf: Die Geschichte darüber, wer er war, was er getan hatte und wer er jetzt ist, ist der Grund für diese Party!

Wo hat da die Scham noch ihren Platz?

Der Junge ist unglaublich!

Rick Hoyt ist an den Rollstuhl gefesselt und kann seine Muskeln nicht kontrollieren, denn bei seiner Geburt hatte sich die Nabelschnur um Ricks Hals gewickelt. Er trug einen Gehirnschaden davon und kann Arme und Beine nicht gebrauchen. Als Rick acht Monate alt war, rieten die Ärzte seinen Eltern: „Geben Sie den Jungen in ein Heim. Er wird für den Rest seines Lebens nur vor sich hinvegetieren."[78]

Ricks Eltern gingen nicht darauf ein, denn sie bemerkten, wie Rick ihnen beständig mit seinen Blicken folgte.

Als Rick elf war, nahmen ihn seine Eltern mit in die Entwicklungsabteilung des Fachbereichs Ingenieurwesen der Tufts Universität und fragten, ob es irgendetwas gäbe, was dem Jungen helfen könnte, sich zu verständigen.

Doch man antwortete ihnen, dass in Ricks Kopf nichts vor sich ginge.

Daraufhin bat sein Vater Dick die Ingenieure, Rick einen Witz zu erzählen.

Sie taten es.

Der kleine Rick lachte.

Damit zeigte sich, dass in seinem Kopf jede Menge vor sich ging. Also wurde er mit einem Computer verbunden, indem er mit dem Kopf seitlich an der Kopfstütze seines Rollstuhls einen Schalter betätigte und so den Cursor steuerte. Jetzt konnte er endlich kommunizieren. Seine ersten Worte?

„Vorwärts Bruins!" – die Bostoner Eishockeymannschaft.

Als Rick von einem Benefizlauf für einen Collegestudenten erfuhr, der durch einen Unfall gelähmt war, hackte er seine Bitte, mitlaufen zu dürfen, in den Computer.

Also schob sein Vater Rick die ganze Strecke im Rollstuhl. Und im Anschluss an das Rennen schrieb Rick seinem Vater: „Papa, wenn ich renne, habe ich das Gefühl, nicht behindert zu sein." Dieser Satz reichte aus, um Ricks Vater zu motivieren.

So kam es, dass bis 2014 das Team Hoyt eintausend Rennen gelaufen ist, einschließlich Marathon-, Duathlon- und Triathlon-Wettkämpfe. Sechs davon waren sogar Ironman-Wettkämpfe.

Rick hat 1993 an der Universität von Boston seinen Collegeabschluss in Sonderpädagogik gemacht.[79]

Diejenigen, die Rick Hoyt kennen, sehen ihn heute als Helden. Niemand, der ihn sieht, sagt: „Das ist der behinderte Junge … traurig." Die Menschen lassen sich von ihm inspirieren und bewundern, was er erreicht hat.

Alle kennen Rick Hoyt. Wissen Sie, warum? Weil er einen Vater hatte, der ihn liebte. Dick Hoyt liebte seinen Sohn so sehr, dass es dessen Identität veränderte. Denn Rick fühlte sich, als sei seine Behinderung verschwunden.

Völlig wiederhergestellt

Die Bibel sagt viel darüber aus, dass unsere Identität völlig wiederhergestellt ist, wenn wir durch Jesus zu Gott nach Hause gekommen sind. Möchten Sie einige dieser Aussagen kennenlernen? Ich bin sicher, sie werden Ihnen gefallen.

Sie sind nicht verurteilt (Tschüss Scham).[80]

Sie können nie wieder von Gottes Liebe getrennt werden.[81]

Sie sind Gottes Kind.[82]

Sie haben jederzeit Zugang zu Gottes unendlichem Segen.[83]

Ihre Sünde ist vergeben.[84]

Sie haben einen Platz im Himmel.[85]

Nachdem Sie weit von Gott entfernt waren, sind Sie ihm jetzt nahe gekommen.[86]

Sie werden auferstehen.[87]

So sieht das Erwachen der Liebe Gottes aus. Es verändert Ihre Gedanken über Gott, über sich selbst und über andere. Es verändert, wer Sie sind. Es verändert, wie Sie sich fühlen.

Sie wissen jetzt ohne jeden Zweifel, dass Sie einen himmlischen Vater haben, der Sie zutiefst und bedingungslos liebt. Er liebt Sie so sehr, dass er Sie durch Christus mit sich selbst eins macht. Und das alte, verlorene Ich? Ist weg! Ihnen wird klar, dass Sie jetzt nicht mehr „Das habe ich nicht verdient" sagen müssen. Sie können „Gott liebt mich zutiefst" sagen. Sie können sich jetzt über die Ruhe, die Sicherheit und die Annahme freuen, die Sie als sein Kind genießen dürfen.

Was können Sie jetzt tun, nachdem die Realität Ihr Verständnis von sich selbst wieder eingeholt hat?

Ganz einfach: Sie sind zu Hause – *also leben Sie auch so*. Schauen Sie sich um, und erkennen Sie, was es bedeutet, den Rest Ihres Lebens als Kind Gottes zu leben. Die Party hat gerade erst begonnen.

DAS ERWACHEN ZUM LEBEN

JETZT LEBE ICH!

Denn mein Sohn war tot, jetzt lebt er wieder.
Er war verloren, jetzt ist er wiedergefunden.
Lukas 15,24 (Hfa)

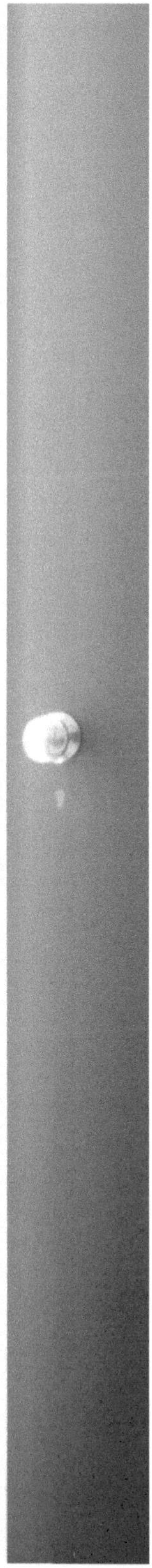

14 PARTY IM FUNDBÜRO

Bevor Jesus die Geschichte vom verlorenen Sohn erzählte, erzählte er noch zwei andere Geschichten, in denen jemand etwas sehr Wertvolles verloren hat.

In der ersten Geschichte geht es um einen Mann, der einhundert Schafe hat und eines davon verliert. Er sucht und sucht, und als er es endlich findet, „ruft er seine Freunde und Nachbarn zusammen: ‚Freut euch mit mir, ich habe mein verlorenes Schaf wiedergefunden!'"[88]

Die zweite Geschichte handelt von einer Frau, die eine wertvolle Münze verloren hat. Sie sucht überall danach, und als sie sie findet, „ruft sie ihre Freundinnen und Nachbarinnen zusammen und sagt: ‚Freut euch mit mir! Ich habe die Münze wiedergefunden, die ich verloren hatte.'"[89]

Heutzutage wären diese Verluste vielleicht vergleichbar mit dem Verlust unserer Altersvorsorge durch einen Börsencrash. Sie verstehen, warum der Mann und die Frau sich so sehr freuen, als sie ihren verlorenen Besitz wiederfinden.

Und dann kommt die dritte Geschichte – unsere Geschichte vom verlorenen Sohn. Wir haben schon gesehen, dass der Vater dem Sohn entgegenläuft, um ihn in die Arme zu nehmen, zu küssen und willkommen zu heißen, als der endlich nach Hause kommt. Dann trommelt er alle zusammen und macht eine Ankündigung:

> *„... mein Sohn war tot, jetzt lebt er wieder. Er war verloren, jetzt ist er wiedergefunden." Und sie begannen ein fröhliches Fest.*[90]

Ich hoffe, Ihnen ist aufgefallen, was in allen drei Geschichten passiert.

Es passiert, als das verlorene Schaf gefunden wird.

Es passiert, als die verlorene Münze gefunden wird.

Es passiert, als der verlorene Sohn gefunden wird.

Was passiert? Die Nachricht spricht sich herum – was verloren war, wurde wiedergefunden. Es ist Zeit, sich darüber zu freuen. Und alle feiern dankbar mit.

Wenn Sie den Weg zurück zu Gott gefunden haben, dann haben Sie allen Grund zu feiern.

Sie waren verloren und sind jetzt gefunden.

Sie haben die Gelegenheit bekommen, Frieden mit Ihrer Vergangenheit zu schließen.

Sie haben einen Sinn im Leben gefunden.

Sie haben Hoffnung für die Zukunft gefunden.

Feiern Sie!

Leben Sie das Neue

Sie sind jetzt auf Ihrer Reise beim letzten Erwachen angelangt. Jon und ich nennen es das *Erwachen zum Leben*. Bisher ist Ihnen Ihr Verlangen nach Mehr bewusst geworden (das Erwachen der Sehnsucht). Dann wurde Ihnen klar, dass es ein Fehler war, Ihren eigenen Plan zu verfolgen und Sie wollten von vorne anfangen (das Erwachen der Reue). Sie haben außerdem erkannt, dass Sie Hilfe von Gott brauchen, um etwas zu ändern, und Sie sind zu ihm nach Hause gekommen (das Erwachen der Hilfsbedürftigkeit). Er hat Sie so schnell und so herzlich willkommen geheißen, dass es eine Weile gedauert hat, bis Sie die Gnade begriffen haben, die Sie geschenkt bekamen (das Erwachen der Liebe). Jetzt sind Sie bereit, dieses Leben zu Hause bei Gott zu erkunden.

Zuerst einmal ist es ein völlig *neues* Leben. Der Apostel Paulus drückt das so aus:

> *Gehört also jemand zu Christus, dann ist er ein neuer Mensch. Was vorher war, ist vergangen, etwas völlig Neues hat begonnen.*[91]

Wenn Sie zu diesem neuen Leben mit dem Vater bereit sind, dann ist dies Ihr Gebet:

> *Gott, wenn es dich wirklich gibt,*
> *dann zeig dich mir.*
> *Wecke in mir das Bewusstsein dafür,*
> *dass ich ein völlig neues Leben führen kann.*

In diesem und den nächsten beiden Kapiteln erkunden wir Ihr neues Leben und wie es sich in drei Beziehungen auswirkt, die für einen neuen Jesus-Nachfolger wichtig sind: die Beziehung zu Gott, die Beziehung zu anderen Menschen und die Beziehung zu dieser Welt. Wenn Sie in diesen drei Bereichen ein neues Leben führen, dann werden Sie laut „*Jetzt* lebe ich!“ verkünden wollen.

Fangen wir mit Ihrer Beziehung zu Gott an. Jon und ich haben gesehen, dass sich Söhne und Töchter, die ihren Weg zurück zu Gott gefunden haben, sehr zur gemeinsamen Anbetung mit anderen Christen aber auch zur persönlichen Zeit mit Gott hingezogen fühlen. Vorher waren diese Dinge langweilig oder kraftlos. Jetzt sind sie keine lästige Pflicht mehr, sie sind ein Fest.

Ich suche dich von ganzem Herzen

Im Alten Testament schrieb König David viele Psalmen oder Gebete, in denen er versuchte, seine Beziehung zu Gott in Worte zu fassen. Psalm 63 ist ein Beispiel dafür, wie es aussehen kann, wenn man sich mit Gott und seinem Volk freut.

> *Gott, du bist mein Gott;*
> *dich suche ich von ganzem Herzen.*
> *Meine Seele dürstet nach dir,*
> *mein ganzer Leib sehnt sich nach dir*
> *in diesem dürren, trockenen Land,*
> *in dem es kein Wasser gibt.*
> *Ich habe dich in deinem Heiligtum gesehen*
> *und deine Macht und Herrlichkeit bestaunt.*
> *Deine Gnade bedeutet mir mehr als das Leben;*
> *dich preise ich von ganzem Herzen! …*
>
> *Wenn ich in der Nacht wach liege, denke ich über dich nach,*
> *die ganze Nacht denke ich nur an dich.*
> *Ich denke daran, wie sehr du mir geholfen hast;*
> *ich juble vor Freude, beschützt im Schatten deiner Flügel.*
> *Ich halte mich nah zu dir,*
> *denn deine rechte Hand hält mich sicher.*[92]

Ich kann mir schwer vorstellen, dass meine Beziehung zu Gott jemals die Tiefe erreichen wird, die David hier zum Ausdruck bringt. Aber wenn das Feiern mit Gott und die Beziehung zu ihm je so sein könnten, würden Sie das nicht auch wollen?

Stellen Sie sich vor: In dem Augenblick, in dem Sie ein Dankgebet sprechen oder um Hilfe bitten, haben Sie die ungeteilte Aufmerksamkeit des Schöpfers des Universums. Und wenn Sie eine Bibel in der Hand halten, haben Sie Gottes Worte schriftlich griffbereit.

Unsere Freude öffentlich teilen

Einer der ersten Gedanken, die wir in diesem Lied Davids entdecken, ist, dass er in der Gesellschaft anderer gläubiger Menschen Zeit mit Gott verbracht hat. David schreibt:

> *Ich habe dich in deinem Heiligtum gesehen …*[93]

Das Heiligtum, das er hier meint, ist der Tempel, in dem die Israeliten damals gemeinsam Gott dienten. Ein vergleichbares Erlebnis in unserer heutigen Zeit wäre ein Gottesdienst in einer Kirche. Ein anderer Begriff für Kirche, den ich manchmal gebrauche, ist *Gottes Familie*.

Natürlich können solche Familienfeiern – auch in der Familie Gottes – eine heikle Sache sein.

Als wir merkten, dass wir unser drittes Kind bekamen, überlegten Sue und ich, wie wir das unserer sechsjährigen Tochter, Amy, und unserem vierjährigen Sohn, Josh, sagen wollten. Wir dachten, wenn wir zusammen Eis essen gingen, wäre das eine großartige Gelegenheit, das Ereignis zu feiern und es ihnen zu erzählen. Wir bestellten also unser Eis und ich fing an: „Leute, wir haben gute Nachrichten!"

Beide sahen mich erwartungsvoll an.

Sue fuhr fort: „Ihr bekommt noch einen kleinen Bruder!"

Zuerst herrschte Stille. Dann brach Josh das Schweigen. „Ich wollte aber einen Hund!", sagte er.

Nun, da habe ich gute Nachrichten für Sie. Vielleicht reagieren Sie auch so wie mein Sohn und sind recht unbeeindruckt. Aber die gute Nachricht ist: Als Kind Gottes haben Sie eine Familie!

Vielleicht dachten Sie, dass Sie diesen Weg zurück zu Gott ganz alleine gehen. Das tun Sie aber nicht. Sie sind nicht dafür geschaffen, alleine unterwegs zu sein. Wenn Sie über die Schulter zurückschauen, werden Sie feststellen, dass Gott Ihnen andere Menschen geschickt hat, die Ihnen helfen, den Weg zurück zu ihm zu finden. Diese Menschen gehören zu Gottes Familie. Und Sie gehören jetzt auch zu dieser ständig wachsenden und immer aufnahmebereiten Gemeinschaft von Menschen, die Gott lieben und von ihm geliebt sind.

Ein Ort, der mein Zuhause ist

Holly hatte einen jüdischen Vater und eine evangelische Mutter und deshalb immer das Gefühl, nirgends richtig dazuzugehören. In ihrer Kindheit und Jugend ist sie abwechselnd in die Synagoge und dann wieder in die Kirche gegangen. Aber diese Erfahrungen verwirrten sie und sie fühlte sich verloren. Auf dem College fing sie an, mit ihrem späteren Mann Ben auszugehen, der katholisch war. Als sie deshalb mit seiner Familie in die katholische Kirche ging, entdeckte sie noch einen Ort, an den sie nicht zu gehören schien. Als sie dann schließlich verheiratet waren, wussten sie nicht, ob sie in seine oder in ihre Kirche gehen sollten, also gingen sie meistens gar nicht in den Gottesdienst.

Aber dann wurde das Leben für Holly und Ben plötzlich sehr schwer. Ben verlor seinen Job. Bens Mutter starb. Sie verloren fast alle ihre Ersparnisse bei einer fehlgeschlagenen Investition. Außerdem mussten sie zusehen, wie ihre geliebte, neugeborene Tochter zwei Operationen über sich ergehen lassen musste, und Ben hatte einen schweren Autounfall, durch den er teilweise gelähmt wurde und in eine tiefe Depression fiel.

Ihr Mann steckte in einem tiefen Loch, und Holly wusste, dass sie auf keinen Fall auch noch dort hineinfallen durfte. Sie kannte nur einen, an den sie sich wenden konnte, und das war Gott. Also ging sie ins Schlafzimmer, fiel auf die Knie und flehte Gott an, sich ihr zu zeigen und ihrer Familie aus dieser schrecklichen Tragödie zu helfen.

Eines Tages, kurz nachdem sie dieses Gebet gesprochen hatte, zeigte sich Gott auf eine bemerkenswerte Weise: Ben war plötzlich wieder motiviert. Eines Sonntags stand er sogar vom Sofa auf und erklärte Holly, dass er „mal in der Kirche vorbeischauen" wolle. Als Ben an diesem Sonntag vom Gottesdienst zurückkam, erkannte Holly, dass sich etwas an ihm verändert hatte. Und weil er wieder hingehen wollte, gingen sie und die Kinder am kommenden Sonntag mit.

Beinahe augenblicklich wusste Holly, dass das der Ort war, an dem ihre Familie zurück zu Gott finden konnte. Zum ersten Mal in ihrem Leben hatte Holly das Gefühl dazuzugehören.

Sie erinnert sich: „Ich weiß noch, dass ich das erste Mal im Gottesdienst saß und das Gefühl hatte, die Predigt war für mich. Ich hatte das Gefühl, dass jemand mich gepackt hatte, und dieser Jemand war Gott. Gott hatte mich regelrecht ergriffen und er liebte mich. Wir hatten immer noch unsere Kämpfe, aber ich wusste jetzt, dass wir einen Ort hatten, der unser Zuhause war."

Ein wichtiger und hilfreicher Schritt, den Sie also in Ihrem neuen Leben gehen können, ist, eine Glaubensgemeinschaft zu suchen, mit der Sie gemeinsam feiern können. Vielleicht haben Sie versucht, in die Kirche zu gehen, so wie Holly, haben sich aber nie zu Hause gefühlt. Oder vielleicht kam Ihnen die Kirche unbedeutend und verwirrend vor, oder sie war einfach nur langweilig. Vielleicht liegt es daran, dass Sie nie darüber hinweggekommen sind, dass zu viele Kirchgänger am Sonntag ein Gesicht und am Montag ein ganz anderes haben. Oder Sie sind in der Vergangenheit regelmäßig in die Kirche gegangen, aber dann sind Dinge passiert, die Ihnen das Gefühl gegeben haben, dass die Kirche kein sicherer Ort mehr war.

Ich bete, dass Sie eine Leben spendende Gemeinde finden, in der Sie gemeinsam mit anderen verlorenen Kindern Gottes, die ihren Weg zurück zu Gott gefunden haben, das feiern können, was Gott in Ihrem Leben tut – genau wie Holly. Eine Gemeinde, die sich von ihrer besten Seite zeigt, ist eine wirklich Leben spendende Gemeinschaft, die in dieser Welt etwas verändert. Sie ist voller Menschen, die nicht alles im Griff haben, die aber bereitwillig zugeben, dass sie sich gegenseitig brauchen, um zu feiern, zu lernen und sich zu ermutigen.

Bitten Sie Gott, Ihnen zu helfen, eine solche Leben spendende Gemeinde zu finden, in der Sie gemeinsam mit allen feiern und in Ihrer Beziehung zu Gott wachsen können. Es dauert vielleicht eine Weile, aber wenn Sie ernsthaft nach einer Gemeinde suchen, in der Sie zu Hause sein können, wird Gott Ihnen helfen, die richtige Gemeinde für Sie zu finden.

Ganz persönlich feiern

Eine öffentliche Versammlung ist nicht der einzige Ort, an dem man feiern kann. David schrieb:

> *Wenn ich in der Nacht wach liege, denke ich über dich nach,*
> *die ganze Nacht denke ich nur an dich.*[94]

In Psalm 63 zeigt er uns, dass unsere persönlichen Gebetszeiten sich um mehr drehen als nur darum, Gott um das zu bitten, was wir uns wünschen oder brauchen. Diese Gebetszeiten sind auch dazu gedacht, Gottes Güte zu feiern und unsere Dankbarkeit dafür auszudrücken, wie er uns versorgt oder segnet.

Das neue Leben ganz persönlich zu feiern durch Bibellesen, Nachdenken und Gebet, ist eine der besten Methoden, um als Nachfolger Jesu zu wachsen. Das ist meine ganz persönliche Erfahrung und meine Beobachtung. Es wurde kürzlich auch durch eine der umfassendsten Studien zum geistlichen Wachstum belegt, die gezeigt hat, dass alle, die geistlich wachsen, eines gemeinsam haben: das Nachdenken über die Bibel.[95]

Ich lasse mich leicht ablenken. Deshalb helfen mir ein wenig Routine und ein paar einfache Übungen, um mich zu konzentrieren.

In meiner ganz persönlichen Zeit mit Gott fange ich mit einem kurzen Gebet an, das ich von Samuel, dem Propheten aus dem Alten Testament, gelernt habe. Er sagte Folgendes zu Gott: „Sprich, dein Diener hört."[96] Denn mir ist klar geworden, dass ich auf Gott hören muss, wenn ich als Jesusnachfolger wirklich wachsen will.

Der Gedanke, auf Gott zu hören, mag Ihnen vielleicht etwas weit hergeholt erscheinen, aber Gott spricht tatsächlich auch noch heute zu uns. Eine der wichtigsten Arten, wie er zu uns spricht, ist durch sein Wort, die Bibel. Gott spricht aber auch durch andere Menschen, die ihren Weg zurück zu Gott gefunden haben, durch Umstände und durch seinen Geist. Doch wenn Sie Gott reden hören, ist es immer wichtig zu prüfen, ob das, was Sie gehört haben, im Einklang mit dem ist, was Gott in der Bibel sagt.

Nachdem ich dieses kurze Gebet gesprochen habe, lese ich eine Auswahl an Bibelstellen in einer modernen Bibelübersetzung wie zum Beispiel die „Will*komm*en da*heim*"-Bibel. Meistens folge ich dabei einem Bibelleseplan, der mir jeden Tag einen Bibelabschnitt vorgibt. Andere Menschen lesen einfach jeden Tag ein Kapitel aus der Bibel. Wer mit dem Bibellesen gerade erst anfängt, dem empfehle ich oft, mit dem Johannesevangelium anzufangen, welches das Leben von Jesus erzählt.

Während ich dann den Bibelabschnitt lese, halte ich Ausschau nach ein oder zwei Versen, die Gott mir ganz besonders zusprechen möchte. Das kann ein Vers sein, der mir in einer schwierigen Situation Hoffnung gibt, oder ein Vers, der mich herausfordert zu handeln oder eine bestimmte Situation in einem anderen Licht zu sehen.

Ich versuche, wenigstens einen Vers zu finden, auf den ich mich an diesem Tag konzentrieren kann, und dann schreibe ich ihn in mein Tagebuch. Mir hilft es sehr, wenn ich diese Verse für mich festhalte.

Nachdem ich dann den Bibelabschnitt gelesen und den Vers, der mir wichtig geworden ist, aufgeschrieben habe, bete ich. In meinem Gebet bitte ich Gott meistens, mir zu helfen, etwas von dem, was ich gerade gelesen habe, in die Tat umzusetzen und mich durch den Tag zu führen. Ich bete auch für Verwandte oder Freunde, die irgendwie in Not sind. Außerdem habe ich es mir angewöhnt, diese Gebete zusammen mit dem Vers, den ich mir an diesem Tag ausgesucht habe, aufzuschreiben.

Das ist recht einfach, aber so sieht meine persönliche Zeit mit Gott aus, und so versuche ich, jeden Tag auf Gott zu hören.

Werden Sie etwas Ähnliches ausprobieren, etwas das bei Ihnen gut funktioniert? Ich glaube, Sie werden überrascht sein, wie viel Ermutigung und persönliche Führung Sie jeden Tag in Gottes Gegenwart erleben werden.

Gott hat Freude an Ihnen

Ich kannte einmal eine Eisdiele, die das Motto hatte: Täglich eine frische Freude. Und weil ich Eis sehr gerne esse, verbinde ich das Wort *Freude* immer mit etwas, was ich sehr mag. Vielleicht ist deshalb Psalm 149,4 einer meiner Lieblingsverse in der Bibel:

> *Der Herr hat Freude an seinem Volk.*

Ist Ihnen schon einmal der Gedanke gekommen, dass Gott Sie nicht nur liebt und Sie willkommen heißt, sondern sogar Freude an Ihnen hat?

Ganz gleich, ob Sie ihn alleine in der Stille anbeten oder mit Hunderten von Menschen in einem großen Gottesdienstsaal, Gott empfindet Ihnen gegenüber immer gleich. Er hat Freude an Ihnen und kann es kaum erwarten, Zeit mit Ihnen zu verbringen. Schon alleine die Tatsache, dass Sie ihn in Ihren Tag hineingenommen und beschlossen haben, mit ihm zu feiern, bereitet ihm mehr Freude, als Sie sich jemals vorstellen können.

Wenn wir mit ihm feiern, wachsen wir in unserer Beziehung zu Gott. Im nächsten Kapitel werden wir uns damit beschäftigen, was es bedeutet, als Nachfolger Christi in unserer Beziehung zu anderen zu wachsen.

15 GEMEINSAM IST BESSER

Vor einiger Zeit hat Edward Hallowell zusammen mit einem Team von Wissenschaftlern der medizinischen Fakultät in Harvard festgestellt, dass die beiden einflussreichsten und bedeutendsten Erfahrungen im Leben eines Menschen darin bestehen, etwas zu leisten (ein Ziel oder etwas Bedeutendes zu erreichen) und mit anderen verbunden zu sein (eine bedeutsame Beziehung zu jemandem zu pflegen). Nach Hallowell ist unsere Gesellschaft immer versessener darauf, etwas zu leisten, während sie gleichzeitig immer armseliger darin wird, Beziehungen zu bauen.[97]

Leistung ist natürlich nichts Schlechtes, aber Studien haben gezeigt, dass sie Beziehungen nicht ersetzen kann. Menschen, die hervorragende Leistungen bringen, aber in Beziehungen versagen, sind unglücklich. Die altbekannte Redensart stimmt: „Auf dem Sterbebett wird sich niemand wünschen, mehr Zeit im Büro verbracht zu haben."

Im Gegensatz dazu bezeichnen Menschen, die guten Beziehungen den Vorrang geben, ihr Leben als erfüllt, auch wenn sie nichts Besonderes geleistet und keine großen Ziele erreicht haben.

In unserem neuen Leben mit Gott brauchen wir Ermutigung und Korrektur durch andere, um stark zu werden und auf dieser Reise zu wachsen. Wenn wir zielstrebig und beständig an unseren Beziehungen arbeiten, ist es wahrscheinlicher, dass wir das Leben führen werden, das Gott für uns vorgesehen hat.

In der Antike gab es ein Wort für die Art von Beziehung, die Gott sich für die Menschen untereinander wünscht. Dieses Wort ist *Koinonia*. In der Bibel wird dieses Wort manchmal mit *Gemeinschaft* übersetzt.

In *Die Gefährten*, dem ersten Teil des großen Abenteuers von *Der Herr der Ringe*, zeichnet J.R.R. Tolkien ein wunderbares Bild einer solchen Gemeinschaft. Vielleicht erinnern Sie sich noch daran, dass neun Gefährten sich verbünden, ihre Unterschiedlichkeit überwinden und sich gemeinsam für eine Sache einsetzen. Durch dieses Abenteuer werden tiefe, innige Beziehungen geknüpft. Wenn diese Einheit unter Menschen durch Gottes Geist bewirkt wird, dann ist das *Koinonia*.

Gemeinsam in einer Gemeinde Gottesdienste zu feiern, ist sehr wichtig. Weil man zwar in einer so großen Gruppe gut feiern, aber nicht so gut Beziehungen bauen kann, lege ich jedem nahe, sich eine Kleingruppe zu suchen – einen Hauskreis oder irgendeine andere Gruppe mit vielleicht einem Dutzend Menschen, die sich einander verpflichtet fühlen. Diese Gruppen mögen zahlenmäßig klein sein, haben aber eine große Wirkung.

Sie können der Anker sein, an dem man sich selbst in den schlimmsten Situationen festhalten kann, wie Fred Knott es einmal festgestellt hat.

Sie haben mich durchgetragen

Fred hatte so eine Ahnung, dass er Krebs haben könnte. Woher er das wusste? Vor zehn Jahren, mit fünfundzwanzig, hatte man bei ihm Hodenkrebs festgestellt. Als er mir seine Geschichte erzählte, sagte er: „Ich wusste es einfach. Die Symptome waren ähnlich wie beim ersten Mal, und beim ersten Mal war es ein einsamer, grausamer Kampf. Ich hatte Angst, richtig große Angst."

Als Fred seiner Frau Amanda von seinem Verdacht erzählte, drängte sie ihn, sofort ins Krankenhaus zu gehen, aber er ging nicht.

Irgendwann hatte sie ihn endlich überredet und sie fuhren gemeinsam zum Krankenhaus. Doch Fred blieb im Auto sitzen und weigerte sich auszusteigen. Amanda fuhr ihn dreizehn Mal zum Krankenhaus und dreizehn Mal stieg Fred nicht aus.

Es brauchte mehr als nur Amandas Überredungskünste, bis Fred sich schließlich untersuchen ließ. Zum Glück gab es noch andere Menschen, die in der Lage waren, Fred dazu zu bringen, es zu tun.

Etwa ein Jahr bevor Fred anfing, sich Sorgen zu machen, dass er wieder Krebs haben könnte, hatte ihn seine damals frisch angetraute Frau in ihre Gemeinde zum Gottesdienst eingeladen. Und wenige Wochen, bevor Fred seiner Frau von seinen gesundheitlichen Sorgen erzählte, hatte sein Freund Mike angefangen, in eine Männergruppe zu gehen, und hatte Fred überredet mitzukommen.

Bei einem dieser Treffen kämpfte Fred mit seinen gesundheitlichen Sorgen, als an dessen Ende Nick, der Leiter der Gruppe, sagte: „Ich möchte, dass ihr heute alle einmal egoistisch betet. Bittet uns nicht, für irgendjemand anderen zu beten, sondern sagt uns, wie wir für euch beten können."

Als Fred an der Reihe war, war er selbst überrascht von dem, was er sagte: „Jungs, ich brauche Mut, um zum Arzt zu gehen. Ich habe große Angst." Er erklärte seine Vorgeschichte mit dem Krebs und dass er Angst hatte, das Ganze noch einmal durchmachen zu müssen.

Die Gruppe sammelte sich sofort um Fred herum und einige der Männer ermutigten ihn: „Gemeinsam schaffen wir das, aber du musst zuerst den Arzt anrufen. Wenn du es nicht für dich tust, dann tu es für deine Frau und deine Familie."

Ein anderer Mann kümmerte sich um den Arzt, der Fred vor zehn Jahren behandelt hatte, und gab ihm dessen Telefonnummer.

Auf diese Weise ermutigt zog Fred es zum ersten Mal durch und ließ sich einen Termin geben. Leider bestätigten die Ärzte ihm, dass er Krebs hatte, und sagten, er müsse sofort mit der Chemotherapie anfangen. Am Tag bevor die Chemotherapie begann, rief er seine Männergruppe zusammen und ließ sich taufen, als Ausdruck seiner Entscheidung, Jesus nachzufolgen.

Diese Gruppe aus vierzehn Männern stand weiterhin zu Fred.

Sie machten ihm Mut, wenn er Angst hatte.

Sie starteten eine Spendenkampagne, an der über dreihundert Menschen teilnahmen und die mehrere Tausend Dollar einbrachte, um ihn und seine Familie zu unterstützen.

Sie ermutigten ihn emotional und ließen nicht zu, dass die Angst ihn besiegte.

Sie forderten ihn geistlich heraus. Und wenn er keinen Glauben mehr hatte, glaubten sie für ihn.

Fred erzählte mir: „Die Jungs aus meiner Mittwoch-Morgen-Gruppe haben mich durch diese schwere Zeit durchgetragen."

Schließlich beschlossen Fred und seine Frau, von Illinois nach Arizona zu ziehen. Das war eine schwere Entscheidung, weil es bedeutete, die Unterstützung dieser Männer aufzugeben. Aber Amanda hatte dort ein Stellenangebot bekommen, und die Ärzte meinten, dass das Klima in Arizona für Freds Gesundheit besser sei.

Obwohl sie umgezogen waren, kam der Krebs leider immer wieder zurück. Irgendwann fing Fred an, sich damit abzufinden, dass er nicht mehr lange leben würde, doch während der ganzen Zeit hielt seine Kleingruppe aus Chicago den Kontakt zu ihm aufrecht. Aber Fred hatte auch in Arizona eine neue Männergruppe gefunden, die die Lücke füllte, die seine Freunde aus Chicago hinterlassen hatten.

Als das Ende gekommen zu sein schien, flog Nick, der Leiter der

Kleingruppe in Chicago, nach Arizona, um sich von ihm zu verabschieden. Fred war bei seinen Besuchen nicht immer ansprechbar, aber Nick sagt, sie hätten einige sehr gute Gespräche über den Tod und die Ewigkeit gehabt, und Fred hätte gewusst, dass er zu Gott gehen würde.

Während einem seiner letzten Momente mit Nick, bat Fred ihn, ein Gebet für seine Kinder aufzunehmen.

Als Fred schließlich starb, gab es zwei Gottesdienste: einen in Arizona und einen in Chicago. Nick leitete den Gedenkgottesdienst in Chicago, und an dessen Ende spielte er das Gebet ab, das Fred für seine Kinder aufgenommen hatte. In Erinnerung an diesen Moment sagte Nick: „Dieses Gebet war ein Geschenk von Fred an seine Kinder. Sein Weg mit Gott war zu Ende. Er hatte das Gefühl, erfüllt zu haben, was Gott in diesem Leben von ihm wollte. Das Gebet zeigte seinen Kindern und allen anderen, dass Gott in Freds Leben absolut real war."

Ich liebe diese Geschichte und das, was passiert, wenn Gott Menschen in einer neuen Gemeinschaft miteinander verbindet.

Dallas Willard schrieb zu diesem Thema: „Gottes Absicht mit der Menschheit ist nichts anderes, als aus ihr … eine ewige Gemeinschaft derjenigen hervorzubringen, die einst nur als ‚ganz gewöhnliche Menschen' galten. … Die Absicht Gottes, die schon vor Beginn der Schöpfung bestand, nämlich diese Gemeinschaft als ganz besonderen Ort, als ein Zuhause zu schaffen, wird wahr werden. Er wird ihr Erhalter und ihr herrlichster Bewohner sein."[98]

Gemeinschaft ist Gottes Traum für alle Menschen. Kleingruppen sind der ideale Nährboden für dieses Miteinander. Wenn Sie die Gelegenheit haben, zu einer solchen Gruppe zu gehen (oder wieder dorthin zurückzugehen, wenn Sie damit aufgehört haben), dann sollten Sie es auf jeden Fall tun.

Klein, aber stark

Vor Kurzem gab es bei einer Internet-Reiseagentur eine Kampagne, bei der jeden Tag eine Person eine Reise an einen beliebigen Ort auf der Welt gewinnen konnte. Die Sache hatte nur einen Haken: Man musste noch am selben Tag verreisen.

In einem Werbefilm war ein Mann zu sehen, der genau das tat. Er ließ alles stehen und liegen und reiste zur Chinesischen Mauer.[99] Ich weiß noch, dass ich den Film anschaute und mich fragte: „Wenn man mir eine Reise an jeden beliebigen Ort auf der Welt schenken würde, aber ich müsste auf der Stelle verreisen, würde ich das tun?"

Ich war mir zunächst nicht sicher. Aber dann dachte ich: „Weißt du was? Ich würde es auf jeden Fall tun, weil es eine einmalige Gelegenheit ist."

Fred hätte gesagt, Teil einer Gemeinschaft von Menschen zu sein, die einander aufrichtig lieben und füreinander sorgen, war eine einmalige Gelegenheit. Diese Beziehungen sind unbezahlbar.

Ich bin nicht der Einzige, der die Werbetrommel für Kleingruppen und das, was dort passieren kann, rührt. Jesus sagte:

> *„Denn wo zwei oder drei in meinem Namen zusammenkommen, bin ich in ihrer Mitte."*[100]

Jesus meint damit, dass es eine Form des Erlebens seiner Gegenwart gibt, die wir nur mit anderen gemeinsam erfahren können. Und dazu braucht man nicht viele Menschen.

Jesus selbst hat eine Kleingruppe ins Leben gerufen. Er hat zwölf Männer zusammengeholt, die mit ihm Zeit verbringen und von ihm lernen sollten. Als seine Jünger sich dann nach seinem Tod und seiner Auferstehung trennten, war das wie das Spalten eines Atomkerns. Die Sprengkraft reichte um die ganze Welt und breitet sich heute noch aus, während die Botschaft Jesu in jedem Winkel der Erde verbreitet wird. So viel Kraft hat Jesus in diese Kleingruppe gelegt, bereits damals im ersten Jahrhundert, als sie miteinander Zeit verbrachten.

Ich will damit nicht sagen, dass jede Kleingruppe den Effekt dieser ersten Kleingruppe der Jünger Jesu hat. Aber eines sage ich Ihnen: Ich habe immer und immer wieder gesehen, wie Menschen durch die Beziehungen in einer Kleingruppe neue Hoffnung, einen Sinn und eine Richtung für ihr Leben gefunden haben. Aus diesem Grund waren Jon und ich unser Leben lang Mitglied in solchen Kleingruppen.

Wir haben erlebt, dass Ehepartner, die kurz vor der Scheidung standen, sich durch Gottes Wirken durch eine enge, freundschaftliche Verbindung in solch einer Kleingruppe, versöhnt haben.

Wir haben erlebt, wie Menschen in den schwierigsten Umständen, wo es um Leben oder Tod ging, nicht nur überlebt haben, sondern gewachsen sind, weil sie mit anderen in einer Kleingruppe eng verbunden waren.

Wir haben erlebt, wie Tausende von Menschen durch Kleingruppen ihren Weg zurück zu Gott gefunden haben.

Wie ist es mit Ihnen? Sehnen Sie sich nicht nach einer tiefen Beziehung mit anderen und nach dieser Art von *Koinonia*, die Gott uns so sehr wünscht?

Wenn Ihr Leben so weitergeht wie bisher, werden Sie dann den größten Teil Ihrer Zeit damit verbracht haben, Beziehungen zu bauen oder nur damit, Ziele zu erreichen?

Vielleicht ist der Gedanke, in einer Kleingruppe zu sein, für Sie etwas einschüchternd und überwältigend. Womöglich können Sie sich nicht vorstellen, woher Sie die Zeit für noch einen Termin nehmen sollen. Und es mag sein, dass Sie bei dem Gedanken, anderen Menschen Einblick in Ihre ganz persönlichen Kämpfe zu geben, am liebsten so schnell wie möglich davonlaufen würden. Aber ich will Ihnen Mut machen: Ich kenne Tausende von Menschen, die früher niemals daran gedacht hätten, in eine Kleingruppe zu gehen, und die jetzt überzeugt sind, dass es eine einmalige Gelegenheit und ein lebenswichtiger Teil auf ihrem Weg als Christusnachfolger ist.

Wenn ich mich noch nicht klar genug ausgedrückt habe, dann will ich das jetzt tun: Sie brauchen andere Menschen, die Ihnen helfen, den Weg zurück zu Gott zu finden. Wenn Sie es nicht ausprobieren, werden Sie die Auswirkungen einer solchen Kleingruppe niemals erleben.

Von einem Haufen Jungs gesegnet

Ein Freund von mir ging in eine Kleingruppe, die sich wöchentlich traf. Sie bestand aus Ehepaaren Anfang dreißig mit Ausnahme eines Ehepaares, das schon über sechzig war. Am Ende ihrer Treffen teilte sich die Gruppe immer zum Gebet in zwei kleinere Gruppen auf – eine Gruppe mit Männern und eine mit Frauen.

Eines Abends erzählte der ältere Mann den anderen, dass er seiner Tochter, von der er sich entfremdet hatte, so gerne etwas zu Weihnachten schenken wollte, dass aber gleichzeitig die Beitragszahlung für seine Lebensversicherung fällig war und er sich nicht beides leisten konnte. Er bat die Männer, bei dieser schwierigen Entscheidung für ihn zu beten. Er steckte in der Zwickmühle, weil er sich mit seiner Tochter versöhnen wollte und ernsthaft überlegte, seine Lebensversicherung dafür aufzugeben.

An jenem Abend trafen sich die jüngeren Männer nach dem Treffen und beschlossen, einzuspringen und die Beitragszahlung für die Lebensversicherung des Mannes zu übernehmen. Für sie war es nicht viel Geld, aber für diesen älteren Mann war es ein beträchtlicher Teil seines Einkommens.

In der darauf folgenden Woche gaben ihm die jüngeren Männer genug Geld, damit er seine Lebensversicherung nicht opfern musste. Als sie ihm das Geld überreichten, sah er zu Boden, fing an zu zittern und weinte. Er sagte, er habe noch nie zuvor ein so großes Geschenk bekommen und fühle sich gesegnet, weil ein Haufen Jungs, die halb so alt waren wie er, bereit waren, auf so bedeutungsvolle Art mit ihm zu teilen.

Als die Männer in der Gruppe beschlossen, den Beitrag zu seiner Lebensversicherung zu zahlen, hatten sie keine Ahnung gehabt, dass er zwei Monate später an einem schweren Herzinfarkt sterben sollte. Durch ihre Großzügigkeit konnte er sich mit seiner Tochter versöhnen und auch nach seinem Tod für seine Frau finanziell sorgen.

Was für ein wunderbares Beispiel für tiefe Beziehungen! Sogar im Angesicht des Todes bedeuten tragfähige Beziehungen Leben!

Gemeinschaft wagen

Jemand hat einmal zu mir gesagt: „Alle reden immer davon, wie sehr Gott mich liebt, aber ich *spüre* einfach nichts von seiner Liebe." Vielleicht geht es Ihnen genauso. Man hat Ihnen gesagt, dass er Sie liebt, und Sie möchten auch glauben, dass er Sie liebt, aber Sie spüren es einfach nicht. Der Grund dafür, dass so viele Menschen die Liebe Gottes nie spüren, ist, dass Gott uns seine Liebe durch die Liebe anderer Menschen zeigen möchte. Leider lassen wir es aber oft nicht zu, anderen Menschen nahe genug zu kommen, um seine Liebe durch sie zu spüren.

Ich möchte Sie herausfordern: Wenn Sie Gott bitten, neues Leben in Ihnen zu erwecken, dann gehen Sie das Wagnis ein, sich einer kleinen Gruppe von Menschen anzuschließen, die genau wie Sie auf dem Weg zurück zu Gott sind. Wenn Sie sich dieser Art der Gemeinschaft öffnen, wird Gottes Liebe auf eine Art, die Sie nie für möglich gehalten hätten, durch Sie und zu Ihnen fließen. Die Folge ist, dass Sie im Leben anderer einen Beitrag leisten werden wie nie zuvor.

16 IHRE ROLLE IN GOTTES TRAUM

Gott hat einen Traum für diese Welt und Sie können ein Teil davon sein. Es ist ein unwiderstehlicher Traum, den Gott schon immer hatte und der für Ihr Leben, Ihr Umfeld und die ganze Welt gleichermaßen gilt.

Gottes Traum ist, dass Sie jede Sekunde Ihres Lebens in dem Bewusstsein leben, dass er Sie unerschütterlich und leidenschaftlich liebt. Sein Traum ist, dass Sie sich bewusst darauf einlassen, andere zu lieben, weil Sie wissen, dass Gott alles gegeben hat, um Sie zu lieben.

Ich habe mich oft gefragt, wie das Leben des Sohnes in der Geschichte wohl nach seiner Rückkehr ausgesehen hat. Doch Jesu Geschichte hört auf, bevor wir das erfahren. Ich glaube, er hat spätestens ab diesem Zeitpunkt hungernde Menschen mit anderen Augen gesehen. Ich bin mir sicher, dass er andere für ihr Versagen oder ihren Verlust nicht mehr verurteilt hat. Und ich kann mir vorstellen, dass für ihn nun der Reichtum seines Vaters nicht mehr nur dazu da war, sich mehr Komfort leisten zu können. Was meinen Sie?

Wenn wir uns des neuen Lebens ganz bewusst sind, das Gott uns bei sich zu Hause anbietet, dann sehen wir völlig neue Möglichkeiten für unsere Zukunft. Wir rufen: „*Jetzt* lebe ich!“, aber uns wird klar, dass *leben* jetzt etwas ganz anderes ist. Es bedeutet, ein Leben zu führen, das besser und größer ist und mehr Bedeutung hat als jemals zuvor.

Sich für andere einsetzen

In den letzten beiden Kapiteln haben wir uns mit dem Feiern (der Beziehung zu Gott) und der Verbundenheit (der Beziehung zu anderen) beschäftigt. Die dritte Beziehung, die für unser Leben mit Gott entscheidend ist, ist unser Beitrag für diese Welt. Dabei geht es hauptsächlich darum, in unserer Beziehung zu dieser Welt zu wachsen. Das heißt zum einen, dass wir uns zutiefst verpflichtet fühlen, anderen dabei zu helfen, ihren Weg zurück zu Gott zu finden, und zum anderen, dass wir mithelfen, die Welt wieder zu dem Traum zurückzuführen, den Gott von Anfang an für sie hatte.

Jesus sagt in einem der wahrscheinlich berühmtesten Bibelverse:

> *Denn Gott hat die Menschen so sehr geliebt, dass er seinen einzigen Sohn für sie hergab. Jeder, der an ihn glaubt, wird nicht zugrunde gehen, sondern das ewige Leben haben.*[101]

Dieser Vers ist zu Recht so bekannt, denn er hat eine tiefe Bedeutung. Aus seiner Liebe zu dieser Welt – der physischen Welt und den Menschen, die darin leben – hat Gott den größten Beitrag überhaupt geleistet, indem er das Leben seines eigenen Sohnes gegeben hat.

Deshalb möchte Gott, dass wir die Welt genauso lieben und so dankbar sind für das, was er für uns getan hat, dass wir es kaum erwarten können, etwas zurückzugeben.

Er sagt: „Ich möchte, dass ihr euren vollen Beitrag leistet, indem ihr herausfindet, wo sich eure Leidenschaft mit den Nöten dieser Welt deckt."

Wären Sie nicht auch gerne Teil einer Sache, die so faszinierend ist, dass Sie es kaum erwarten können, Ihre Zeit, Ihre Gaben und

Ihre Mittel zur Verfügung zu stellen, um sie in Erfüllung gehen zu sehen?

Können Sie sich vorstellen, wie es wäre, mit anderen, die ebenfalls den Weg zurück zu Gott gefunden haben, gemeinsam in die Bresche zu springen und in dieser Welt wirklich etwas zu bewirken?

Das Ziel: drei Millionen Kinder retten

Als Kind wurde Jeff von seiner Mutter in verschiedene Gemeinden und zu vielen altmodischen Zeltevangelisationen mitgeschleift. Dabei lernte er Gott nie wirklich kennen, aber er lernte genug religiöse Regeln, damit er ein braver Junge blieb und nicht in Schwierigkeiten geriet – zumindest bis er im Alter von siebzehn Jahren von zu Hause auszog. Ab diesem Zeitpunkt hing er nur noch mit ziemlich üblen Typen ab.

Eines Nachts, als er auf der Suche nach einem neuen Kick war, wollte er es einmal mit Heroin versuchen, aber er und seine Freunde konnten keines auftreiben.

Er erinnert sich, wie es damals gewesen ist: „Wir fuhren mitten in der Nacht durch die Gegend und suchten nach einem Heroindealer, als ich ein Zelt mit der Aufschrift *Christus ist die Antwort* sah. Das sprach mich jedoch überhaupt nicht an, denn das hatte ich alles schon durch. Außerdem brauchte ich mehr als nur Antworten. Ich brauchte einen Sinn im Leben und eine Leidenschaft."

Jeff und seine Freunde fanden in dieser Nacht kein Heroin, aber am Ende war er trotzdem so zu, dass er auf allen Vieren die Einfahrt zu seinem Haus hinaufkriechen musste. In seinem Zimmer angekommen brach er zusammen und schrie: „Gott, ich weiß nicht, wo du bist oder wer du bist oder ob es dich überhaupt gibt, aber verändere mein Leben. Jetzt oder nie!"

Dann wurde er ohnmächtig.

Er sagt, er sei sieben Stunden später wieder aufgewacht, und alles habe sich seltsam anders angefühlt. Später lud ihn seine Mutter in das *Christus ist die Antwort*-Zelt ein, das er am Vorabend gesehen hatte, und er ging mit. Dort hörte Jeff den Prediger über folgende Aussage Jesu sprechen: „Denn wer sich an sein Leben klammert, der wird es verlieren. Wer aber sein Leben für mich aufgibt, der wird es für immer gewinnen."[102] Anschließend rief der Prediger die Zuhörer auf, nach vorne zu kommen, wenn jemand Jesus nachfolgen wollte.

In diesem Augenblick hatte Jeff das Gefühl, als antworte Gott ihm mit seinen eigenen Worten vom Abend zuvor: „Jetzt oder nie, Jeff!" Er wusste, dass es jetzt sein musste. Also ging er nach vorne und betete, und zum ersten Mal war er sich sicher, dass er in Jesus seinen Weg zurück zu Gott gefunden hatte.

Zwei Tage später verkaufte Jeff alles, was er hatte. Eine Woche später ging er nach St. Louis, um dort unter Obdachlosen zu arbeiten. Nach weiteren zwei Wochen lernte er eine Missionarin kennen, die ihn auf die Philippinen einlud. Jeff reiste dorthin und lebt jetzt seit über dreißig Jahren auf den Philippinen.

Auf den Philippinen gründete er eine gemeinnützige Organisation, zu der eine Schule, eine Gefängnisarbeit, ein Krankenhaus-Besuchsdienst, eine Arbeit unter Straßenkindern, ein Netzwerk neu gegründeter Gemeinden und mehrere Entwicklungshilfeprogramme gehören. Jeffs größtes Anliegen ist es, die Millionen von Straßenkindern auf den Philippinen zu retten, die oft nicht mehr besitzen als die Kleider auf ihrem Leib.

Vor einiger Zeit unterhielten sich Jeff und Jon, und Jon fragte ihn: „Jeff, du arbeitest hier jetzt schon über dreißig Jahre. Was ist heute dein Traum?"

Er erwiderte: „Ich würde gerne jedes obdachlose Kind auf den Philippinen von der Straße holen."

Jon fragte: „Und wie viele Kinder leben hier auf der Straße?"

Jeff antwortete: „Etwa drei Millionen."

Und dann fragte Jon ihn: „Was antwortest du, wenn Leute sagen, das sei unmöglich?"

Er zuckte mit den Schultern, lächelte und sagte: „Vielleicht ist es das, aber es hat ja auch noch niemand versucht."

Was ist mit Ihnen? Wie können Sie Gottes Liebe für diese Welt praktisch umsetzen?

Ich weiß, dass Sie das Verlangen danach haben. Sie haben auch die Leidenschaft dazu. Sie haben die Motivation. Die Herausforderung besteht nur darin, die Aufgabe so greifbar zu machen, dass man sie jeden Tag umsetzen kann.

Ich will Ihnen jetzt einen Begriff nennen, der beschreibt, wie wir ganz praktisch die Menschen, denen wir täglich begegnen, lieben können: indem wir sie *segnen.*

Die geheime Macht der Segnenden

Lange bevor Jesus die Geschichte vom verlorenen Sohn erzählte, sagte Gott Folgendes zum biblischen Stammvater Abraham:

> *Ich will dich segnen …*
> *Ich will dich zum Segen für andere machen. …*
> *Alle Völker der Erde werden durch dich gesegnet werden.*[103]

Gott segnete Abraham in seinen Beziehungen, finanziell und geistlich. Sinn des Segens war aber nicht, dass Abraham ihn nur empfangen sollte. Gott segnete Abraham – und alle, die ihm als Gottes Kinder folgen –, um damit auch andere zu segnen. Wenn Sie den Weg zurück zu Gott gefunden haben und sein Kind sind, dann sind Sie gesegnet, um wiederum ein Segen zu sein. Wenn wir unsere Zeit, Gaben und Mittel für Gott einsetzen, dann segnen wir die Menschen und Orte um uns herum.

In seinem Buch *The Missional Entrepreneur* (dt.: Der missionarische Unternehmer) nimmt Mark Russell Bezug auf eine Studie unter zwei Teams von Langzeitmissionaren in Thailand.[104] Das eine Team nannte er *die Bekehrer*, weil ihre einzige Absicht darin bestand, alle um sich herum zu evangelisieren. Das andere Team nannte er *die Segnenden*, weil ihre einzige Absicht darin bestand, den Menschen Gutes zu tun. Die Segnenden sagten: „Ich bin einfach da, um jedem zu dienen, der mir über den Weg läuft" oder „Ich möchte einfach nur für die Menschen in meinem Umfeld ein Segen sein."

Die Studie begleitete beide Teams zwei Jahre lang und machte dabei zwei interessante Beobachtungen: Erstens hatten die Segnenden mehr sozialen Einfluss als die Bekehrer. Zweitens – und das war überraschend – stellte man fest, dass sich bei den Segnenden fast fünfzig Mal so viele Menschen bekehrten als bei den Bekehrern!

Vielleicht sollte uns das nicht überraschen, denn Abrahams Beispiel weist uns den richtigen Weg. Gottes Strategie, die Welt zu verändern, bestand schon immer darin, ein Segen zu sein. Und oft ist der Ort, an dem Sie und ich beginnen sollten, diese Welt zu verändern, der, an dem wir uns gerade befinden.

Kreidezeichnungen

Eines Morgens saß Rich in einem Café am Fenster und bat Gott um Rat, wie er den Menschen in Edgewater, seinem Stadtteil von Chicago, Hoffnung geben könne. Er beobachtete die Menschen, die zur Arbeit gingen, und hatte den Eindruck, dass sie alle wie eine *Zombie-Parade* aussahen. Alle blickten nur zu Boden und schienen leblos und ohne Ziel durch den Tag zu gehen.

Während er so betete, kam ihm eine Idee: „Was wäre, wenn ich Botschaften der Hoffnung auf den Gehweg malen würde? Alle würden sie sehen! Ich könnte Straßenkreide dafür nehmen!" Rich nannte seine Idee Kreidezeichnungen.

Er fing an, mit ein paar Freunden nachts auf die Straßen zu gehen und Botschaften auf den Gehweg zu schreiben, vor allem in der Nähe von Bus- und S-Bahnhaltestellen und an großen Kreuzungen. Sie benutzten Hashtags und schrieben kreative Nachrichten wie:

„Sie könnten Teil einer guten Geschichte sein."

„Wenn Sie noch einmal zehn wären, würde Ihnen gefallen, was heute aus Ihnen geworden ist?"

„Das Gestern bestimmt nicht das Heute."

„Vielleicht hält Sie das zurück, woran Sie festhalten."

„Alles kann neu werden."

„Sie sind für etwas Großartiges geschaffen."

Wie jede Idee, die von Gott kommt, war sie wirkungsvoll. Rich und seine Freunde bekamen erstaunliches Feedback, denn die Menschen wurden von diesen einfachen Botschaften inspiriert und ermutigt. Viele fotografierten einfach nur die Gehwege. Andere wollten bei dieser kleinen Bewegung mitmachen. Ein Student der DePaul Universität drehte eine Video-Dokumentation über die Aktion.[105] Und die Tageszeitung *Chicago Tribune* veröffentlichte eine Geschichte darüber.[106] Es war unglaublich! Und Menschen haben durch diese Kreidebotschaften den Weg zurück zu Gott gefunden.

Menschen wie Keisha.

Das ist die Welt

Es war ein kalter Märztag in Chicago, einer jener Tage, an denen der Schnee zwar geschmolzen ist, der eisige Wind jedoch alles gefühlte zwanzig Grad kälter macht. Als Keisha zur Arbeit ging, war sie niedergeschlagen. Auf dem Weg zum Bahnhof zog sie sich immer weiter in sich selbst zurück. Doch als sie so mit gesenktem Kopf über die Straße ging, fielen ihr die bunten Worte auf, die Rich und seine Freunde in der Nacht zuvor auf den Boden gemalt hatten. Dort war zu lesen: „Das ist die Welt, in der wunderbare und grausame Dinge passieren. Fürchte dich nicht!"

Keisha war vor ein paar Monaten in die riesige und oftmals eisige Stadt zurückgezogen und versuchte noch, sich dort wieder zu akklimatisieren. Alles belastete sie: die Finanzen, die Arbeit und die E-Mail, die sie am Tag zuvor von ihrem gewalttätigen Ex-Mann bekommen hatte. Sie wusste, dass die Botschaft auf dem Gehweg ihr galt. Mit Tränen in den Augen und einem Kloß im Hals ging sie weiter zum S-Bahnhof, aber nun hob sie den Kopf und sah geradeaus.

Während der nächsten Tage dachte sie immer wieder über die Botschaft auf dem Gehweg nach: „Fürchte dich nicht." Sie fragte sich, wer das wohl geschrieben hatte, und warum der Satz genau in dem Moment dort stand, als sie ihn so dringend brauchte. Es waren starke Worte, Worte, die ihr Kraft gaben. Sie schrieb sie in ihr Tagebuch und sagte sie sich immer dann vor, wenn ihr alles zu viel wurde oder sie traurig darüber war, wie ihr Leben verlief. Die Worte auf dem Gehweg gaben ihr Hoffnung.

Sie beschloss herauszufinden, wer die Worte auf den Gehweg geschrieben hatte. Sie suchte im Internet und stieß schon bald auf eine Kirchengemeinde. Sie war überrascht, dass eine Kirche mit Straßenkreide Botschaften auf den Gehweg malte, und beschloss, sich die Gemeinde anzuschauen. Sie war seit ihrer Jugend nicht mehr in einer Kirche gewesen, und es war ein großer Schritt für sie, dorthin zu gehen. Aber als sie in den Gottesdienst ging, spürte sie die Liebe Gottes so deutlich, dass sie dazugehören wollte.

So wurde sie Mitglied dieser Gemeinde. „Jetzt weiß ich, woher diese Hoffnung kommt", sagt sie. „Es ist Gott, der durch meine Gemeinde und durch meine neuen Freunde wirkt."

All das entstand durch die einfache, aber kreative Idee, die Rich hatte, um einen Hoffnungsschimmer in das Leben von emotionalen Zombies zu bringen.

Ein Geheimnis für alle Christusnachfolger

Gott will, dass wir uns um andere Menschen kümmern. Er möchte, dass wir nie aufhören, über das Geschenk unserer unverdienten Begrüßung durch ihn zu staunen, und dass wir uns immer wünschen, dass andere das auch erleben. Wir haben bereits gesehen, dass es in 2. Korinther 5,17 um das Erwachen in ein neues Leben geht. Und die darauf folgenden Verse 18-19 ermutigen dazu, dass wir anderen Menschen helfen, den Weg zurück zu Gott zu finden.

> *Gehört also jemand zu Christus, dann ist er ein neuer Mensch. Was vorher war, ist vergangen, etwas völlig Neues hat begonnen. All dies verdanken wir Gott, der uns durch Christus mit sich selbst versöhnt hat. Er hat uns beauftragt, diese Botschaft überall zu verkünden. Und so lautet sie: Gott ist durch Christus selbst in diese Welt gekommen und hat Frieden mit ihr geschlossen, indem er den Menschen ihre Sünden nicht länger anrechnet. Gott hat uns dazu bestimmt, diese Botschaft der Versöhnung in der ganzen Welt zu verbreiten.*[107]

Anders ausgedrückt: Wenn wir unseren Weg zurück zu Gott gefunden haben, sollen wir tun, was wir können, um anderen zu helfen, ebenfalls zu ihm zurückzufinden. Niemand will von einem *Bekehrer* angepredigt werden. Aber wenn wir *Segnende* sind, wird es den anderen besser gehen, und es ist wahrscheinlicher, dass sie ebenfalls den Weg zurück finden.

Wenn Sie mir nicht glauben wollen, dass Sie das Potenzial haben, ein Segen zu sein, na schön. Aber vielleicht glauben Sie jemandem, der jahrelang am Rand der Ewigkeit stand.

Botschaften vom Sterbebett

Vor acht Jahren saß ich bei Lane im Wohnzimmer, wo die Hospizmitarbeiter sein Bett aufgebaut hatten, damit er es in seinen letzten Tagen bequem hatte und noch ein wenig am normalen Leben teilhaben konnte. Er bat mich zu kommen, weil es Zeit war, seine Beerdigung zu planen. Während er mir sagte, was er bei seinem Gedenkgottesdienst gerne gesagt, gesungen und gefeiert haben wollte, musste ich unwillkürlich daran denken, wie Lane vor ein paar Jahren zu Gott zurückgefunden hatte.

Lane war ein zielstrebiger Alpha-Typ, der seinen Arbeitstag schon um fünf Uhr morgens begann und erst spätabends aufhörte. Seine Arbeitswut machte sich bezahlt. Seine Firma, die anfänglich 100 Millionen wert gewesen war, hatte einen Wert von über neun Milliarden, als er wegen einer unheilbaren Krankheit von deren Führung zurücktrat. Die Krankheit brachte diesen ehrgeizigen Workaholic zum völligen Stillstand.

Als Lane lange genug stillhielt, um über sein Leben und seinen Erfolg nachzudenken, merkte er, dass etwas sehr Wichtiges fehlte.

Als Kind war er mit seinen Eltern in die Kirche gegangen und hatte wirklich an Gott geglaubt. Aber Lane merkte, dass Gott durch sein ungezügeltes Erfolgsstreben langsam aber sicher zu einer blassen, völlig vergessenen Erinnerung geworden war. Damals lernten wir uns kennen.

Lane war krank. Es war eine Krankheit, die ihn langsam aber sicher umbrachte. Aber bevor sie ihn umbrachte, würde sie ihn mit ständigen Schmerzen sechzehn Stunden am Tag quälen. Die Krankheit war für ihn ein Weckruf und er merkte, dass etwas fehlte und dass er Gott brauchte.

Lane erzählte mir: „Dave, krank zu werden war das Beste, was mir je passiert ist. Von dem Zeitpunkt an, an dem ich krank wurde, habe ich einen neuen Fokus gefunden. Die Krankheit hat mich den Weg zurück zu Gott finden lassen, damit ich mich ihm wieder ganz nahe fühle. Ich würde alles geben für das, was ich jetzt habe."

Ich habe meine Notizen für Lanes Beerdigung immer noch, denn ich habe sie nicht gebraucht. Es ist schon fast ein Jahrzehnt her, seitdem die Pflegekräfte sein Bett umgestellt haben, und Lane ist immer noch nicht gestorben. Aber Lane wurde auch nicht geheilt. Er hat jeden Tag Schmerzen und hat nur gerade genug Kraft für eine Mahlzeit und ein paar E-Mails.

Was aber wohl das Beeindruckendste an Lane ist, ist, dass er seit seiner geistlichen Wiedergeburt auch eine neue Identität hat. Er ist kein Workaholic mehr, der sein eigenes Reich erschafft, sondern ein Botschafter, der anderen seine Geschichte erzählt und ihnen hilft, den Weg zurück zu Gott zu finden.

Die Erfahrung, dass sich Ihr Leben von tot zu lebendig, von verloren zu gefunden verändert hat, wird auch genau das aus Ihnen machen!

Seit wir seine Beerdigung geplant haben, hat mich Lane mehr als jeder andere dazu ermutigt, dieses Buch zu schreiben. Er lebt immer noch als Gottes Botschafter und nimmt jeden Tag so, wie er kommt. Ich habe ihn gefragt, was er Ihnen und mir weitergeben möchte. Das sind seine eigenen Worte:

> *Ich weiß, dass unser Leben aus dem Blickwinkel von Gottes Ewigkeit nur ein Augenblick ist. Also müssen wir aus der Zeit, die wir haben, das Beste machen. Jeder von uns hat Freunde, die sich nach Frieden sehnen. Wir kennen Menschen, die gesundheitliche Probleme haben, ihren Job verloren haben, geschieden sind, Probleme mit ihren Kindern haben … da gibt es vieles, was im Argen ist.*
> *Lassen Sie sich in Ihren Bemühungen nicht beirren. Bitten Sie Gott, dass er Sie als seinen Botschafter gebraucht. Bitten*

Sie ihn, Ihnen die Worte zu geben, die Sie sagen oder schreiben sollen. Ich weiß, dass nicht jeder so viel Zeit hat wie ich, aber jeder von uns kann sich jeden Tag Zeit nehmen, um das Leben eines Menschen reicher zu machen.
Ich habe vor, genau das bis zu meinem Tod zu tun. Wenn ich irgendjemandem helfen kann, den ersten Schritt zurück zu Gott zu machen, werde ich es tun. Jahrelang schien mein Leben in Ordnung zu sein, aber mir fehlte diese persönliche Beziehung zu Gott. Jetzt habe ich sie gefunden und sie ist so unendlich wichtig für mich. Ich hoffe, dass alle, die mir wichtig sind, alle, die ich kenne, zu Gott zurückfinden.

Lane hat in seinem Leben die gleiche Aufgabe wie ich: *hpftwbtG* (Menschen helfen, den Weg zurück zu Gott zu finden). Ich sage Ihnen, es gibt nichts, was Ihr neues Leben mehr bereichert, als dass Sie anderen dabei helfen, ebenfalls ihren Weg zu Gott zurückzufinden. Es gibt nichts Besseres, als anderen zu helfen, den Weg zu Gott zurückzufinden.

SCHLUSSWORT
DEN WEG ZU GOTT ZURÜCKFINDEN … IMMER WIEDER

Sie haben gebetet: „Gott, wenn es dich wirklich gibt, dann zeig dich mir." Sie haben Gott gesucht, und wenn Sie ihn nicht schon gefunden haben, dann glauben Jon und ich, dass Sie ihn bald finden werden.

Wette gewonnen!

Aber bevor wir zum Ende dieses Buches kommen, will ich Sie noch an etwas erinnern.

Gott verspricht uns zwar: „Ich lasse dich nicht im Stich, nie wende ich mich von dir ab."[108], aber es kann Zeiten geben, in denen wir das Gefühl haben, dass Gott weit weg ist. Diese Distanz kann die Folge davon sein, dass Sie Ihre Beziehung zu Gott eine Zeit lang vernachlässigt haben. Vielleicht machen Sie eine ganz besonders schwere Zeit durch, und es scheint so, als würde Gott auf Ihre Gebete nicht antworten.

Wenn Sie spüren, dass die Distanz zwischen Ihnen und Gott größer wird, dann wollen wir Ihnen Mut machen, noch einmal über die fünf Arten des Erwachens nachzudenken. Ganz gleich, in welchen Umständen oder Schwierigkeiten Sie gerade stecken oder wo Sie vom

Weg abgekommen sind, sie werden Ihnen den Weg zurück zu Gott zeigen.

Das Erwachen der Sehnsucht: Es muss mehr geben.

Wir alle sehnen uns danach, zu lieben und geliebt zu werden, einen Sinn in unseren Tagen zu sehen und den Sinn unseres Lebens zu erkennen, wenn alles keinen Sinn ergibt. Diese Sehnsucht ist von Gott, und wenn Sie zulassen, dass dieses starke Verlangen nach mehr Sie näher zu ihm zieht, wird er Ihre Sehnsucht stillen.

Gott kennt Ihre Bedürfnisse und Sehnsüchte besser als Sie selbst und er wünscht sich ein Leben voller Bedeutung und Leidenschaft für Sie. Das *Mehr*, das Sie so sehr brauchen, können Sie nur finden, wenn Sie immer wieder zu Ihrem himmlischen Vater umkehren.

Lassen Sie sich von Ihrer Sehnsucht nach mehr – ganz gleich wie stark sie ist – zu ihm hinziehen, statt von ihm wegtreiben.

Das Erwachen der Reue: Ich wünschte, ich könnte noch einmal von vorne anfangen.

Wenn wir versuchen, unsere Sehnsucht nach Liebe, Sinn und Bedeutung selbst zu erfüllen, werden wir immer wieder enttäuscht werden. Die Reue, die wir empfinden, weil wir unseren eigenen Weg gegangen sind, kann entweder zu noch mehr Sehnsucht und Reue führen (ein Kreislauf, aus dem viele nie herauskommen) oder uns dazu bringen, bei dem einen Hilfe zu suchen, der uns wirklich helfen kann.

Sie müssen die Kraft Ihrer aufrichtigen Reue nicht mit noch mehr Selbstverurteilung und Feststecken vergeuden. Sie können sich stattdessen davon voller Zuversicht zu Gott hin bewegen lassen.

Denn jetzt kennen Sie die Wahrheit, und diese Wahrheit können Sie in Ihrem Leben immer und immer wieder umsetzen: Bei Gott dürfen wir *jederzeit* von vorne anfangen.

Das Erwachen der Hilfsbedürftigkeit: Ich schaffe das nicht alleine.

Wenn wir nicht zugeben, dass wir in diesem Leben nicht aus eigener Kraft Erfüllung finden können, werden wir unseren Weg zurück zu Gott niemals finden. Aber wenn uns einmal bewusst ist, dass wir Hilfe brauchen, dann haben wir die Kurve heim zu unserem himmlischen Vater schon gekriegt.

Wenn es Ihnen so geht wie allen anderen, die wir kennen, werden Sie es in Zukunft noch oft aus eigener Kraft versuchen. Vielleicht sogar öfter am Tag, wenn es Ihnen so geht wie Jon und mir. Sie werden sogar versuchen, Gott aus eigener Kraft zu dienen und ihm zu gefallen, was auch nicht funktionieren wird.

Aber Sie und ich, wir *schaffen* es nicht aus eigener Kraft – und das ist sehr gut zu wissen.

Lassen Sie Ihre zukünftigen Entscheidungen von Ihrem Erwachen der Hilfsbedürftigkeit bestimmen. Jetzt wissen Sie, dass die Hilfe einen Namen hat. Und dieser Name ist Jesus. Er wird Sie niemals verlassen. Jedes Mal, wenn Sie sich von Ihrer Egozentrik und Ihrem Stolz abwenden, ist er da, um Sie zu retten, zu stärken und Sie auf dem Weg mit ihm zu führen.

Das Erwachen der Liebe: Gott liebt mich also doch von Herzen.

Wenn wir ganz zu unserem Vater zurückgekehrt sind, erleben wir die unwiderstehliche Liebe Gottes in Jesus. Sie sind bereits zu ihm zurückgekehrt, also wissen Sie, wovon wir sprechen. Es gibt nichts, was in unserem Leben mit Gott wichtiger ist als seine ewige, bedingungslose Liebe zu uns. Die Gnade und Vergebung, die er jedem von uns anbietet, finden wir nirgends sonst. Sie ist beinahe erschreckend. Sie ist überwältigend und immer wieder erstaunlich. Und sie ist das, wonach wir uns in Wahrheit sehnen und wofür wir geschaffen wurden.

Während wir zu Gottes Liebe aufbrechen, werden Entscheidungen, die uns vorher unmöglich erschienen, langsam möglich: Es wird möglich, Gott in den Höhen und Tiefen unseres Lebens zu vertrauen. Und wir können – es wird sogar unser tiefster Wunsch – seinem Sohn, Jesus Christus, immer ähnlicher werden.

Noch etwas: Jetzt können wir glauben, dass er treu für uns und die Menschen, die wir lieben, sorgen wird. Dadurch fließt Gottes Frieden in unseren Alltag. Und zu wissen, dass er nicht nur uns, sondern alle Menschen von Herzen liebt, motiviert uns, die gute Nachricht mit anderen zu teilen.

Das ist das Wunderbare an Gottes Liebe zu Ihnen und zu mir. Sie hat die Kraft, uns zu heilen, zu verändern, unsere Hoffnungen und Träume zu beleben und uns zu motivieren, ihm mit unserem ganzen Leben zu dienen.

Hier unser Rat: Leben Sie von jetzt an mutig in seiner Liebe. Lassen Sie sich niemals durch Zweifel oder Entmutigung das rauben, was Sie als wahr erkannt haben!

Das Erwachen zum Leben: Jetzt lebe ich!

Dieser neue, lebenslange Weg mit Jesus ist ein Weg, den Sie nie alleine gehen müssen. Sie müssen nie wieder von Ihrem himmlischen Vater getrennt sein. Wenn Sie merken, dass Sie nachlässig werden, nach Ersatzbefriedigungen suchen oder meinen, Sie hätten alle Antworten gefunden, dann wissen Sie, was zu tun ist.

Kommen Sie zum echten Leben zurück! Sie kennen den Weg, und Ihr Zuhause ist dort, wo Sie immer einen Platz haben.

Stellen Sie sich auf ein Leben ein, das ganz anders ist als alles, was Sie noch für möglich hielten, als Sie eine Kehrtwendung gemacht und den Vater um Hilfe gebeten haben. Jon und ich haben das festgestellt und auch Millionen andere Menschen: Das Erwachen zum Leben bringt unerwarteten Einfluss und ungeahnte Möglichkeiten mit sich. Wie das? Weil Christus in Ihnen lebt und das verändert so ziemlich alles. Jetzt können Sie Hoffnung dorthin bringen, wo Entmutigung war. Jetzt können Sie Gefangenen den Weg in die Freiheit zeigen. Jetzt können Sie Licht in der Dunkelheit sein.

Und *das* ist echtes Leben!

Deshalb ermutigen wir Sie, Ihren Platz in der Gemeinschaft mit anderen dankbaren Söhnen und Töchtern des himmlischen Vaters zu finden. Bauen Sie Beziehungen zu ihnen, lernen Sie von ihnen und arbeiten Sie gemeinsam mit ihnen daran, in Ehen, Familien, Schulen, am Arbeitsplatz und in Ihrem Umfeld etwas zum Guten zu bewirken.

Und lassen Sie uns gemeinsam anderen helfen, ihren Weg zurück zu Gott zu finden. Dort wartet das wahre Fest auf uns.

DIE 30-TAGE-WETTE

Gott wünscht sich mehr, von Ihnen gefunden zu werden, als Sie sich wünschen, ihn zu finden. Deshalb können wir Ihnen auch versprechen, dass Sie ihn finden werden, wenn Sie ihn mit offenem Herzen und offenem Verstand suchen. Er wird sich Ihnen zeigen.

Es gibt keinen einheitlichen Zeitplan für den Weg zurück zu Gott. Manchmal passiert es ganz schnell und manchmal dauert es Monate und Jahre. Aber wir haben festgestellt, dass es für viele Menschen genau das Richtige ist, über einen relativ kurzen – aber nicht zu kurzen – Zeitraum für ihren neuen Weg einen bestimmten methodischen Ansatz zu verfolgen.

Überlegen Sie sich also, ob Sie der nun folgenden 30-Tage-Anleitung folgen möchten. Sie müssen sich nur jeden Tag etwa fünfzehn Minuten Zeit nehmen, um über eine persönliche Frage nachzudenken, einige Ihrer Gedanken aufschreiben und eines der fünf einfachen Gebete sprechen, die wir Ihnen in diesem Buch genannt haben. Wir glauben, dass dieser Prozess Sie von der Traurigkeit darüber, dass Sie sich weit von Gott entfernt fühlen, hin zur Freude über das Wissen führt, sein bedingungslos geliebtes Kind zu sein.

Wenn Sie das gerne glauben möchten, sich aber noch nicht sicher sind, dann raten wir Ihnen, darauf zu wetten, dass es stimmt. Wetten Sie mit Gott, indem Sie dieses Gebet sprechen:

Gott, wenn es dich wirklich gibt,
dann zeig dich mir.

Was können Sie schon verlieren, wenn wir nicht recht haben und Gott sich Ihnen nicht zeigt? Nur ein paar Minuten jeden Tag. Aber wenn Sie die Wette gewinnen, gewinnen Sie die wichtigste Beziehung, die es gibt.

Das Erwachen der Sehnsucht

Wie ein Hirsch nach frischem Wasser lechzt,
so sehne ich mich nach dir, o Gott!
Ja, ich dürste nach Gott, nach dem lebendigen Gott.
Wann darf ich in seinen Tempel kommen?
Wann darf ich wieder vor ihn treten?
Tag und Nacht weine ich,
Tränen sind meine einzige Speise,
denn ständig verspottet man mich und fragt:
„Wo bleibt er denn, dein Gott?"
Es bricht mir das Herz, wenn ich an früher denke:
Da ging ich dem großen Festzug voran
und führte ihn zum Haus Gottes.
Da konnte ich Gott zujubeln
und ihm danken inmitten der Menge!

Warum nur bin ich so traurig?
Warum ist mein Herz so schwer?
Auf Gott will ich hoffen, denn ich weiß:
Ich werde ihm wieder danken.
Er ist mein Gott, er wird mir beistehen!
Psalm 42,2-6 (Hfa)

TAG 1

Zum Nachdenken

Wann haben Sie Gott vergessen?

Notieren Sie kurz in Ihrem Tagebuch oder Computer, wie es dazu kam, dass Sie sich von Gott entfernt haben (wenn Sie sich ihm überhaupt jemals nahe gefühlt haben). Beschreiben Sie, wie Sie sich jetzt in Bezug auf Gott fühlen und warum Sie ihn finden wollen.

....

....

....

....

....

....

Gebet

Gott, wenn es dich wirklich gibt,
dann zeig dich mir.
Erwecke in mir die Fähigkeit zu erkennen,
dass du es bist, der in meinem Leben fehlt.

TAG 2

Zum Nachdenken

Wo sind Sie vom Leben enttäuscht worden und denken: *Es muss doch mehr geben?*

Schreiben Sie einige der großen Enttäuschungen in Ihrem Leben auf. Schreiben Sie auch Ihre Sehnsucht nach mehr oder etwas Besserem auf, von dem Sie sich wünschen, dass es in der Zukunft eintrifft.

....

....

....

....

....

....

Gebet

Gott, wenn es dich wirklich gibt,
dann zeig dich mir.
Erwecke in mir die Fähigkeit zu erkennen,
dass du es bist, der in meinem Leben fehlt.

TAG 3

Zum Nachdenken

Was waren die Höhe- und Tiefpunkte auf Ihrer Suche nach Liebe?

Schreiben Sie Ihre Antwort zu dieser Frage auf. Beschreiben Sie, warum Sie weiter nach Liebe suchen. Erzählen Sie auch von Ihrer Sehnsucht nach Gottes Liebe.

....

....

....

....

....

....

Gebet

Gott, wenn es dich wirklich gibt,
dann zeig dich mir.
Erwecke in mir die Fähigkeit zu erkennen,
dass du es bist, der in meinem Leben fehlt.

TAG 4

Zum Nachdenken

Würden Sie sagen, dass Ihr Leben einen erfüllenden Sinn hat?

Wenn Sie diese Frage mit Ja beantwortet haben, dann beschreiben Sie den Sinn Ihres Lebens. Wenn Sie diese Frage mit Nein beantwortet haben, dann beschreiben Sie Ihr Verlangen nach einem tieferen Sinn. Inwiefern motiviert Sie dieses Verlangen bei Ihrer Suche nach Gott?

....

....

....

....

....

....

Gebet

Gott, wenn es dich wirklich gibt,
dann zeig dich mir.
Erwecke in mir die Fähigkeit zu erkennen,
dass du es bist, der in meinem Leben fehlt.

TAG 5

Zum Nachdenken

In welchen schweren Lebenssituationen haben Sie zu Gott geschrien: „Warum, Gott? Warum hast du das zugelassen?“

Wenn Nöte und Ungerechtigkeit dazu beigetragen haben, dass Sie sich von Gott entfernt haben, schreiben Sie auf, wie das passiert ist. Wenn diese Ihr Verlangen nach Gott geschürt haben, notieren Sie, auf welche Weise.

....

....

....

....

....

....

Gebet

Gott, wenn es dich wirklich gibt,
dann zeig dich mir.
Erwecke in mir die Fähigkeit zu erkennen,
dass du es bist, der in meinem Leben fehlt.

TAG 6

Zum Nachdenken

Inwiefern bringt die Unfähigkeit dieser Welt, Ihre tiefsten Sehnsüchte zu stillen, Sie dazu, sich mehr nach Gott zu sehnen?

Beschreiben Sie, wie Unzufriedenheit und Verlangen Sie auf Ihrer Suche nach Gott vorangebracht haben.

....

....

....

....

....

....

Gebet

Gott, wenn es dich wirklich gibt,
dann zeig dich mir.
Erwecke in mir die Fähigkeit zu erkennen,
dass du es bist, der in meinem Leben fehlt.

Das Erwachen der Reue

Ich habe für eure Vorfahren einen Weg durch das Meer gebahnt
und sie sicher durch die Fluten geführt.
Das Heer der Feinde mit seinen Streitwagen und Pferden ließ ich ins Verderben laufen.
Da lagen sie nun, die Helden, und standen nie wieder auf!
Ihr Leben erlosch wie ein verglimmender Docht.
Doch ich sage euch: Hängt nicht wehmütig diesen Wundern nach!
Bleibt nicht bei der Vergangenheit stehen!
Schaut nach vorne, denn ich will etwas Neues tun!
Es hat schon begonnen,
habt ihr es noch nicht gemerkt?
Durch die Wüste will ich eine Straße bauen,
Flüsse sollen in der öden Gegend fließen.
Schakale und Strauße und alle wilden Tiere werden mich preisen,
weil ich Wasser in der Wüste fließen lasse.
Ich sorge dafür, dass mein geliebtes Volk auf seinem Weg genug zu trinken hat.
Ich habe sie geschaffen und zu meinem Volk gemacht.
Darum sollen sie mich rühmen und von meinen großen Taten erzählen.
Jesaja 43,16-21 (Hfa)

TAG 7

Zum Nachdenken

Was veranlasst Sie zu sagen: „Ich wünschte, ich könnte noch einmal von vorne anfangen."

Was bedauern Sie am meisten? In welchen Bereichen Ihres Lebens könnten und sollten die Dinge heute besser laufen?

Gebet

Gott, wenn es dich wirklich gibt,
dann zeig dich mir.
Zeige mir die Möglichkeit,
mit dir noch einmal ganz von vorne anzufangen.

TAG 8

Zum Nachdenken

Würden Sie Ihr Leben eher als *Bios*-Leben (von Tag zu Tag vor sich hin leben) oder als *Zoe*-Leben bezeichnen (Leben im Hier und Jetzt mit Ewigkeitscharakter)?

Was würden Sie sich an der Qualität Ihres Lebens anders wünschen? Welche Aspekte des *Zoe*-Lebens würden Sie gerne in Ihrem Alltag wiederfinden (wie in Kapitel 7 beschrieben)?

....

....

....

....

....

....

Gebet

Gott, wenn es dich wirklich gibt,
dann zeig dich mir.
Zeige mir die Möglichkeit,
mit dir noch einmal ganz von vorne anzufangen.

TAG 9

Zum Nachdenken

Denken Sie oft darüber nach, was nach dem Tod mit Ihnen passieren wird? Welche Rolle spielt diese Frage bei Ihrem Wunsch, Gott zu finden?

Was, glauben Sie, passiert nach dem Tod, und wie kommen die Menschen in den Himmel? Welche Ängste, Zweifel oder Fragen haben Sie bezüglich der Ewigkeit?

....

....

....

....

....

....

Gebet

Gott, wenn es dich wirklich gibt,
dann zeig dich mir.
Zeige mir die Möglichkeit,
mit dir noch einmal ganz von vorne anzufangen.

TAG 10

Zum Nachdenken

Würden Sie sagen, dass Sie grade zwischen dem Wunsch, von vorne anzufangen, und dessen tatsächlicher Umsetzung feststecken?

Beschreiben Sie, was Sie möglicherweise festhält, sodass es bei dem bloßen Wunsch nach Veränderung bleibt. Wissen Sie nicht, was Sie tun sollen? Sind Sie zu beschäftigt oder abgelenkt? Sind Sie zu entmutigt? Haben Sie nicht genug Glauben? Ist es etwas anderes?

Gebet

Gott, wenn es dich wirklich gibt,
dann zeig dich mir.
Zeige mir die Möglichkeit,
mit dir noch einmal ganz von vorne anzufangen.

TAG 11

Zum Nachdenken

Was würde der Wendepunkt der Buße konkret für Sie bedeuten (siehe Kapitel 8)?

Wovon müssen Sie sich abwenden, um in Ihrem Leben neu anzufangen? An wen würden Sie sich wenden? Wie würden Sie diese radikale Umkehr der Buße angehen? Schreiben Sie Ihre Gedanken auf.

....

....

....

....

....

....

Gebet

Gott, wenn es dich wirklich gibt,
dann zeig dich mir.
Zeige mir die Möglichkeit,
mit dir noch einmal ganz von vorne anzufangen.

TAG 12

Zum Nachdenken

Sind Sie bereit, von vorne anzufangen?

Wie geht es Ihnen damit, sich Gott zuzuwenden und endlich eine echte Veränderung in Ihren Umständen zu erleben?

....

....

....

....

....

....

Gebet

Gott, wenn es dich wirklich gibt,
dann zeig dich mir.
Zeige mir die Möglichkeit,
mit dir noch einmal ganz von vorne anzufangen.

Das Erwachen der Hilfsbedürftigkeit

Denn Gott hat die Welt so sehr geliebt, dass er seinen einzigen Sohn opferte, damit jeder, der sein Vertrauen auf ihn setzt, nicht verloren geht, sondern das ewige Leben hat. Gott hat seinen Sohn nicht in die Welt gesandt, damit er die Welt richtet, sondern damit sie durch ihn gerettet wird. Wer auf den Sohn vertraut, der kommt gar nicht erst ins Gericht. Wer sich ihm gegenüber aber verweigert, der ist schon gerichtet, weil er das Beste nicht ergreift, was diese Welt zu bieten hat: das Geschenk, auf den Sohn Gottes vertrauen zu dürfen. Der Menschensohn muss also niemanden richten: Die Menschen richten sich selbst. Denn das Licht, das in diese Welt kam, hat deutlich gezeigt, dass viele Menschen die Finsternis mehr lieben als das Licht, weil das, was sie tun, nicht ans Licht kommen darf. Jeder, der etwas Unrechtes tut, hasst das Licht und meidet es, wo er kann, damit nur ja nicht herauskommt, was er getan hat. Doch jeder, der die Wahrheit liebt und richtig handelt, freut sich über das Licht, weil es zeigt, dass Gott in seinem Leben das Sagen hat.

Johannes 3,16-21 (Willkommen daheim)

TAG 13

Zum Nachdenken

Was überzeugt Sie davon, dass Sie es aus eigener Kraft nicht schaffen, noch einmal von vorne anzufangen?

Wo haben Sie in der Vergangenheit versagt bei dem Versuch, noch einmal von vorne anzufangen, oder wo fühlen Sie sich unfähig, Ihre tiefsten Sehnsüchte zu erfüllen? Wie sieht Ihr Hilferuf aus?

....

....

....

....

....

....

Gebet

Gott, wenn es dich wirklich gibt,
dann zeig dich mir.
Wecke in mir die Bereitschaft,
dich um Hilfe zu bitten.

TAG 14

Zum Nachdenken

Eine Bedeutung von *Buße tun* ist auch *zu den Wurzeln zurückkehren* (siehe Kapitel 9). Wo sind Ihre Wurzeln?

Wenn Sie an Gott denken, was bedeutet seine Vaterrolle für Sie? Wenn Sie über Gottes Gegenwart nachdenken, was bedeutet dann der Begriff *Zuhause* für Sie? Beschreiben Sie Ihre Sehnsucht danach, zu Ihrem himmlischen Vater nach Hause zu kommen.

....

....

....

....

....

....

Gebet

Gott, wenn es dich wirklich gibt,
dann zeig dich mir.
Wecke in mir die Bereitschaft,
dich um Hilfe zu bitten.

TAG 15

Zum Nachdenken

Wenn Sie an alles denken, was Sie in der Vergangenheit falsch gemacht haben, wie, glauben Sie, wird Gott Sie empfangen, wenn Sie zu ihm nach Hause kommen?

Sehen Sie Gott als wütenden Richter, der darauf wartet, Ihnen Ihre Sünden heimzuzahlen? Ist er ein weit entferntes Wesen, das sich nicht wirklich für Sie interessiert? Ist er ein alter, weichherziger Kerl, der Sie ohne weitere Konsequenzen davonkommen lässt, ganz gleich, was Sie getan haben? Oder ist er etwas anderes für Sie? Wie wirkt sich Ihre Sicht von Gott auf Ihre Bereitschaft aus, den Schritt der Buße zu tun?

....

....

....

....

Gebet

Gott, wenn es dich wirklich gibt,
dann zeig dich mir.
Wecke in mir die Bereitschaft,
dich um Hilfe zu bitten.

TAG 16

Zum Nachdenken

Welche der nachfolgenden Aussagen beschreibt Ihre Reaktion auf Gottes Gnade am besten?

- „Das glaube ich nicht."
- „Das erwarte ich!"
- „Ich erwarte es nicht, aber ich glaube es!"

Welche Antwort haben Sie gewählt? (Sie können die verschiedenen Möglichkeiten in Kapitel 10 noch einmal nachlesen.) Begründen Sie, warum Sie diese Antwort gewählt haben.

....

....

....

....

Gebet

Gott, wenn es dich wirklich gibt,
dann zeig dich mir.
Wecke in mir die Bereitschaft,
dich um Hilfe zu bitten.

TAG 17

Zum Nachdenken

Wie reagieren Sie, wenn Sie hören, dass Gott durch Jesus bei Ihnen und für Sie ist, ja dass er Ihnen sogar nachgeht, wie es in Kapitel 11 heißt?

Skizzieren Sie mit Worten, wie Sie Jesus sehen und was er für Sie bedeutet. Fangen Sie an mit den Worten: „Jesus ist für mich …“

....

....

....

....

....

....

Gebet

Gott, wenn es dich wirklich gibt,
dann zeig dich mir.
Wecke in mir die Bereitschaft,
dich um Hilfe zu bitten.

TAG 18

Zum Nachdenken

Sind Sie bereit, Jesus nachzufolgen, weil er Ihr Weg nach Hause zum himmlischen Vater ist?

Wenn Sie bereit sind, Jesus zu folgen (oder ihm wieder neu nachzufolgen), dann formulieren Sie ein Gebet, in dem Sie ihn bitten, Sie zu führen und Ihnen den Weg nach Hause zu Gott zu zeigen.

....

....

....

....

....

....

Gebet

Gott, wenn es dich wirklich gibt,
dann zeig dich mir.
Wecke in mir die Bereitschaft,
dich um Hilfe zu bitten.

Das Erwachen der Liebe

Daher beuge ich meine Knie vor dem Vater, nach dem jedes Geschlecht im Himmel und auf der Erde benannt wird, und bitte ihn: Vater, schenke ihnen aus dem Reichtum deiner Herrlichkeit die Kraft, die dein Geist zu geben vermag, und stärke sie innerlich. Durch ihren Glauben wohne Jesus in ihren Herzen! Lass sie fest in der Liebe verwurzelt sein und ihr Leben auf diese aufbauen, damit sie gemeinsam mit allen Glaubensgeschwistern in der Lage sind, zu begreifen, wie unvorstellbar groß und weit, wie hoch und wie tief die Liebe Christi ist, die alle Vorstellungskraft übersteigt. Vater, erfülle sie mit der ganzen Fülle deiner Herrlichkeit! Gott, der unendlich viel mehr an uns tun kann, als wir uns jemals erbitten oder überhaupt nur ausdenken können – so groß ist die Kraft, die in uns wirkt –, diesem Gott sei die Ehre in der Gemeinde und in Christus Jesus für alle Generationen in alle Ewigkeit. Amen.
Epheser 3,14-21 (Willkommen daheim)

TAG 19

Zum Nachdenken

Wenn Sie daran denken, wie Gott Sie als sein Kind willkommen heißt, denken Sie dann manchmal: „Das habe ich nicht verdient", weil Ihnen seine Gnade so unglaublich erscheint?

Beschreiben Sie einen Moment (oder mehrere), in dem Ihnen Gottes Gnade zu groß erschien, um sie zu begreifen oder anzunehmen. Überlegen Sie in Ihren Notizen, woher dieses Widerstreben gegen seine Gnade kommen könnte.

....

....

....

....

....

Gebet

Gott, wenn es dich wirklich gibt,
dann zeig dich mir.
Wecke in mir das Bewusstsein,
dass ich dein bedingungslos geliebtes Kind bin.

TAG 20

Zum Nachdenken

Wo empfinden Sie immer noch Scham, obwohl Sie wissen, dass Gott Ihnen vergeben hat?

Schreiben Sie die Gedanken auf, die die Scham Ihnen einflüstert. Beschreiben Sie, wie diese Gedanken Sie beeinflussen.

....

....

....

....

....

Gebet

Gott, wenn es dich wirklich gibt,
dann zeig dich mir.
Wecke in mir das Bewusstsein,
dass ich dein bedingungslos geliebtes Kind bin.

TAG 21

Zum Nachdenken

Was würde Ihnen zu verstehen helfen, dass Gott Ihre Schuld und Scham komplett und für immer ausgelöscht hat?

Schauen Sie sich die Gedanken der Scham noch einmal an, die Sie gestern aufgeschrieben haben. Schreiben Sie jetzt auf, was Gott Ihrer Ansicht nach sagen würde, um diesen Gedanken zu widersprechen.

....

....

....

....

....

Gebet

Gott, wenn es dich wirklich gibt,
dann zeig dich mir.
Wecke in mir das Bewusstsein,
dass ich dein bedingungslos geliebtes Kind bin.

TAG 22

Zum Nachdenken

Vergleichen Sie Ihre Sicht von sich selbst mit Gottes Sicht von Ihnen.

Schreiben Sie aus Gottes Sicht folgenden Satz zu Ende: „[Ihr Name], für mich bist du …" (Zum Beispiel: „Lena, für mich bist du ein von Herzen geliebtes Kind" oder „Daniel, für mich bist du heilig und gereinigt durch meinen Geist.") Schreiben Sie den Satz in so vielen Varianten zu Ende, wie Sie wollen, und beziehen Sie sich dabei auf das, was Sie aus der Bibel über Gottes Wesen wissen.

....

....

....

....

....

Gebet

Gott, wenn es dich wirklich gibt,
dann zeig dich mir.
Wecke in mir das Bewusstsein,
dass ich dein bedingungslos geliebtes Kind bin.

TAG 23

Zum Nachdenken

Welche Hinweise hat Gott Ihnen darauf gegeben, dass Sie jetzt sein Kind sind?

Haben Sie den Eindruck, dass Gott zu Ihnen über seine Liebe zu Ihnen gesprochen hat? Hat er Sie in bestimmten Bereichen, in denen Sie sich früher gebunden gefühlt haben, befreit? Haben Sie einen neuen Frieden gefunden, den Sie ohne Gott nicht erklären können? Halten Sie hier alle Beweise Ihrer neuen Identität in Christus fest. Schauen Sie sich die Liste später wieder an, wenn Sie Ermutigung brauchen.

....

....

....

....

Gebet

Gott, wenn es dich wirklich gibt,
dann zeig dich mir.
Wecke in mir das Bewusstsein,
dass ich dein bedingungslos geliebtes Kind bin.

TAG 24

Zum Nachdenken

Befinden Sie sich schon an dem Punkt, an dem Sie mit Überzeugung sagen können: „Gott liebt mich also doch von Herzen."

Beschreiben Sie, an welchem Punkt Sie sind, wenn es darum geht, Gottes Gnade anzunehmen. Nehmen Sie sie nicht für selbstverständlich, aber lehnen Sie sie auch nicht ab. Beschreiben Sie, wie dieses überwältigende Geschenk, Gottes Kind zu sein, Ihnen geistliche Freiheit geschenkt hat.

....

....

....

....

Gebet

Gott, wenn es dich wirklich gibt,
dann zeig dich mir.
Wecke in mir das Bewusstsein,
dass ich dein bedingungslos geliebtes Kind bin.

Das Erwachen zum Leben

Wenn ihr also mit Christus zu einem neuen Leben auferstanden seid, dann haltet euren Blick fest auf ihn gerichtet, der zur Rechten Gottes sitzt. Ihm allein soll unser ganzes Interesse gelten. Vergesst all die religiösen Anstrengungen, mit denen ihr Gott zu beeindrucken versucht. Ihr seid mit Christus gestorben und euer Leben ist jetzt schon bei Gott, wenn auch noch verborgen. Erst wenn Christus sich hier auf Erden offenbaren wird, dann wird auch deutlich werden, wie groß die Herrlichkeit ist, die euer Leben schon jetzt prägt.
Kolosser 3,1-4 (Willkommen daheim)

TAG 25

Zum Nachdenken

Inwiefern ist Ihr Leben jetzt neu und anders im Vergleich zu der Zeit, als Sie sich weit weg von Gott gefühlt haben?

Beschreiben Sie die Veränderungen, die Gott in Ihr Leben mit ihm gebracht hat. Beschreiben Sie auch, auf welche weiteren Veränderungen in Ihrem neuen Leben Sie noch hoffen.

....

....

....

....

Gebet

Gott, wenn es dich wirklich gibt,
dann zeig dich mir.
Wecke in mir das Bewusstsein dafür,
dass ich ein völlig neues Leben führen kann.

TAG 26

Zum Nachdenken

Welche Erfahrungen haben Sie mit der Kirche und ihren Mitgliedern gemacht?

Wenn Sie schon eine Gemeinde haben, zu der Sie gehören, was können Sie dann tun, um noch mehr Anteil am Gemeindeleben und am Gottesdienst zu haben? Oder wenn Sie bereit sind, sich eine Gemeinde zu suchen, dann schreiben Sie die Eigenschaften auf, die sie idealerweise haben sollte (in dem Bewusstsein, dass es keine perfekte Gemeinde gibt), und wie Sie eine Gemeinde finden können, die dieser Beschreibung entspricht.

....

....

....

....

Gebet

Gott, wenn es dich wirklich gibt,
dann zeig dich mir.
Wecke in mir das Bewusstsein dafür,
dass ich ein völlig neues Leben führen kann.

TAG 27

Zum Nachdenken

Was halten Sie davon, täglich zu beten und in der Bibel zu lesen?

Schreiben Sie auf, was Sie davon abhält, täglich durch persönliche Andacht Zeit mit Gott zu verbringen. Wenn Sie damit anfangen wollen, in der Bibel zu lesen und über das Gelesene nachzudenken, zu welcher Tageszeit wäre das für Sie am besten? Welcher Ort wäre dafür der beste? Mit welchem Bibelleseplan würden Sie arbeiten?

....

....

....

....

....

Gebet

Gott, wenn es dich wirklich gibt,
dann zeig dich mir.
Wecke in mir das Bewusstsein dafür,
dass ich ein völlig neues Leben führen kann.

TAG 28

Zum Nachdenken

Waren Sie schon einmal mit anderen Jesusnachfolgern in einer Kleingruppe? Wenn ja, welche Erfahrung haben Sie damit gemacht?

Wie können Sie eine Gruppe von Jesusnachfolgern finden, mit denen Sie Zeit verbringen, die Sie gut kennenlernen und mit denen Sie ehrlich über Ihren geistlichen Weg sprechen können? Inwiefern könnte Ihnen das bei Ihrem ständigen Wunsch, *zu Hause* beim Vater zu leben, helfen? Formulieren Sie einen Plan, wie Sie an einer Kleingruppe teilnehmen können.

....

....

....

....

....

Gebet

Gott, wenn es dich wirklich gibt,
dann zeig dich mir.
Wecke in mir das Bewusstsein dafür,
dass ich ein völlig neues Leben führen kann.

TAG 29

Zum Nachdenken

Was denken Sie, welche Begabung hat Gott Ihnen geschenkt, mit der Sie anderen dienen können?

Schreiben Sie auf, welche Schritte Sie gehen könnten, um in dem Bereich zu dienen, in dem sich Ihre Leidenschaft und die Nöte der Welt überschneiden.

....

....

....

....

....

....

Gebet

Gott, wenn es dich wirklich gibt,
dann zeig dich mir.
Wecke in mir das Bewusstsein dafür,
dass ich ein völlig neues Leben führen kann.

TAG 30

Zum Nachdenken

Wie oft sind Sie in Ihrem Leben schon zu Gott zurückgekehrt?

Können Sie etwas erahnen, was es Ihnen in Zukunft schwer machen könnte, weiterhin nahe bei Gott zu bleiben? Was können Sie tun, um sich zukünftig nicht wieder von Gott zu entfernen (oder zumindest nicht so weit)?

....

....

....

....

....

....

Gebet

Gott, wenn es dich wirklich gibt,
dann zeig dich mir.
Wecke in mir das Bewusstsein dafür,
dass ich ein völlig neues Leben führen kann.

WEITERE STIMMEN ZUM BUCH

Die Ferguson-Brüder sind wunderbare Leiter einer ganzen Bewegung und sie haben ein blühendes Gemeindegründungsnetzwerk nach den Prinzipien eben dieses Buches aufgebaut. Daher ist es ein in der Praxis erprobter guter Leitfaden, um Ihre Gemeinde am Heilsplan Gottes auszurichten.
Alan Hirsch, südafrikanischer Theologe, Autor und Gemeindegründer

Auch wenn Sie noch nie in einer Kirche waren, haben Sie wahrscheinlich schon mal jemanden so etwas sagen hören wie: „Wir sind doch alle auf der Suche nach Gott." Aber diese Suche ist keine Einbahnstraße. In ihrem neuen Buch schreiben meine Freunde Dave und Jon, dass sie überzeugt sind, dass Gott vor allem eines will: gefunden werden. Sie müssen dieses Buch lesen und den Gott neu entdecken, der schon die ganze Zeit nach Ihnen sucht.
Greg Surratt, Gründer der Seacoast Church und Mitbegründer der weltweiten Gemeindegründungsbewegung ARC

Manchmal reden wir uns selbst ein, dass die Menschen schwer zu erreichen seien. Wir trösten uns im Blick auf unseren Mangel an geistlicher Frucht damit, dass unsere Kultur eben geistlich krank sei.

Dave und Jon Ferguson sehen das anders. Sie haben irgendwie die Herausforderung gemeistert, die einzelnen Punkte einer geistlichen Erweckung in der Kultur und den Herzen ganz normaler Menschen miteinander zu verbinden. Mit großer Kunstfertigkeit haben sie etwas, was unglaublich schwer ist, in reale Möglichkeiten und Strategien verwandelt, die leicht sind. Ich habe „Gott, wenn es dich gibt …" gelesen und habe mir schon überlegt, einen ganzen Karton davon zu kaufen, damit ich es allen Nachbarn und Freunden schenken kann. Das sollten Sie auch tun.

Danielle Strickland, Rednerin und Autorin von „A Beautiful Mess: How God Re-creates Our Lives"

Dieses Buch ist eine Einladung an Sie, sich – wieder neu – auf die Reise zu einer echten Beziehung zu Gott zu machen. Was Dave und Jon Ferguson uns hier bewusst machen, ist schlichtweg lebensverändernd. Dieses Buch dürfen Sie nicht verpassen!

Mark Batterson, Autor von „Kreiszieher"

Dave und Jon Ferguson legen dieses komplizierte Thema in einer klaren, direkten Art dar. Ich werde dieses Buch an Menschen verschenken, die ich liebe und die zu Gott zurückfinden wollen.

Joby Martin, Pastor von The Church of Eleven22

Jeder von uns spürt eine Leere im Leben, die nur Gott füllen kann. Wir brauchen die Vergebung, die Hoffnung und den Sinn im Leben, den uns nur Gott geben kann. Daves und Jons Buch führt uns zurück zu der großartigen Verheißung, die dieser ewigen Sehnsucht begegnet – wenn wir nach Gott suchen, werden wir ihn finden. Lassen Sie sich auf diese Reise ein.

Tony Morgan, Gründer und Chef-Stratege der Gemeindeberater „The Unstuck Group"

Meine Freunde Dave und Jon haben sich jahrelang auf diese eine, herausfordernde Botschaft konzentriert: Menschen zu helfen, zu Gott zurückzufinden. Dieses Buch ist voller inspirierender Geschichten, praktischer Schritte und geistlicher Herausforderungen, die jedem helfen, der auf seinem Weg zu kämpfen hat. Wenn Sie selbst oder jemand, den Sie kennen, auf dem geistlichen Weg an einer wichtigen Kreuzung stehen, kann ich „Gott, wenn es dich gibt …" nur wärmstens empfehlen.
Mark Jobe, leitender Pastor der New Life Community Church und Autor von „Unstuck: Out of Your Cave into Your Call"

Ich kann mir kein besseres Buch vorstellen für jemanden, der zu Gott zurückfinden oder anderen dabei helfen will. Es ist voller inspirierender Geschichten, die die Sehnsüchte ansprechen, die wir alle haben. Die einfachen Gebete und herausfordernden Fragen, die Dave und Jon stellen, werden Ihre Sicht von sich selbst, von Gott und dem Sinn Ihres Lebens verändern.
Dr. Rick Richardson, Dozent für Evangelisation und Leiterschaft am Wheaton College und dem Billy Graham Center; Autor von „Experiencing Healing Prayer" und „Reimagining Evangelism"

In ihrem neuesten Buch greifen Dave und Jon Ferguson auf Prinzipien zurück, die rund um den Globus gleichermaßen gelten. Dieses Buch kann Menschen von den USA bis nach Indien auf ihrer Jesusmission leiten, ganz gleich wo sie zu Hause sind. Wenn Sie wirklich Menschen helfen wollen, zu Gott zurückzufinden, oder wenn Sie sich selbst auf diesem Weg befinden, ist dieses Buch Pflichtlektüre. Es kann buchstäblich Ihr ganzes Leben verändern.
Dr. Ajai Lall, Leiter der Central India Christian Mission

Dave und Jon sind ein wahrer Schatz für die Gemeinde Jesu. In „Gott,

wenn es dich gibt …" werden Sie erkennen, warum. Außerdem werden Sie, meine teuren Freunde, zu Ihrem neuen Leben in Christus aufbrechen. Es wird Sie ermutigen.
Derwin L. Gray, leitender Pastor der Transformation Church, Autor von „The High Definition Leader"

Ich kann mir keinen besseren Weg vorstellen, auf den man sich begeben kann, als den, der zurück zu Gott führt und einem hilft, den Sinn im Leben zu entdecken. Dave und Jon Ferguson führen Sie Schritt für Schritt durch diesen Prozess der Erweckung, der Ihr Leben verändern wird.
James T. Meeks, Pastor der Salem Baptist Church Chicago und ehem. Senator von Illinois

Die Frau neben mir im Flieger erzählte begeistert von ihrer Abenteuerreise nach Afrika. Während sie ihr Leben auslotete, erwähnte sie beiläufig, dass sie christlich aufgewachsen sei, sie aber jetzt als pensionierte Lehrerin den Bezug zu Gott verloren habe. Ich las gerade das Buch von Jon und Dave Fergusson und sagte: „Ich glaube, ich lese Ihre Geschichte. Machen Sie sich neu auf die Suche nach dem, den Sie zurückgelassen haben." Danach schenkte ich ihr mein Exemplar. Wie viele andere Menschen so hatte auch meine Sitznachbarin den Faden zu Gott verloren, dennoch ist noch ein leichtes Interesse an ihm vorhanden. Für das Gros unserer Gesellschaft ist *„Gott, wenn es dich gibt …"* eine herzliche Einladung, nach Hause zu kommen.
Dr. Dietrich Schindler, FeG Pastor der englischsprachigen Gemeinde Journey Church in Frankfurt a. M. und Berater für Gemeindegründung in Europa

Mit Dave Ferguson lernen Sie einen gesegneten Praktiker kennen. Jemanden, der sich selbst zurücknimmt und andere bedeutungsvoll

macht, weil er gottgegebenes Potenzial in Nachfolgern Jesu entdeckt, wertschätzt und in Gottes Plan für unverzichtbar erklärt. Er lehrt keine hochkomplexen Gemeindewachstumsstrategien, sondern ruft zum jesusmäßigen Miteinander auf. Hier sind nicht die wenigen begnadeten Einzelnen gefragt, sondern die vielen, die Jesus, seinen Willen und seine Praxis zentral im Kopf und Herzen haben. Ein erfrischend einfaches Konzept – und doch im Dienst von Dave Ferguson beeindruckend wirkungsvoll.
Ekkehart Vetter, erster Vorsitzender der Deutschen Evangelischen Allianz

Ich habe Dave als einen ehrlichen, authentischen und demütigen Mann kennengelernt und mich von seiner Literatur, seinem Dienst sowie seiner Gemeinde stark inspirieren lassen. Dave steht für strategischen und innovativen Gemeindebau. Was er von sich gibt, ist hochgradig ermutigend, richtig und zukunftsweisend. Daves Bücher und Vorträge sind für unser Land von bahnbrechender Bedeutung, wenn wir die Impulse richtig aufnehmen.
Andreas Herrmann, Leiter der Move Church Wiesbaden

Dave Ferguson habe ich auf der Exponential Konferenz im Herbst 2015 in Kalifornien erlebt. Er ist ein innovativer Leiter mit einem großen Herzen für Menschen, die Jesus noch nicht persönlich kennen. Sein Herzensanliegen ist, Gemeinden zu helfen, dass sie nicht ein Hindernis sind für das, was Gott heute tun möchte, und dass Rahmenbedingungen geschaffen werden, damit Leiter ihr volles Potenzial in vielfältige Dienste im Reich Gottes einbringen können. Guter Mann!
Horst Engelmann, Koordinator von JesusUnites und Missionsleiter Forum Wiedenest

Von ganzem Herzen darf ich dieses Buch empfehlen. Nicht einfach wegen des Themas, wiewohl das an sich schon Grund genug wäre. Ich empfehle den Autor! Sein Ansatz, seine Bodenständigkeit und sein christusähnliches Wesen machen deutlich, dass es das Herzensanliegen Gottes ist, dass Menschen den Weg zu Gott zurückfinden. Darum brauchen wir neue Gemeinden und Standorte, wo das gelebt wird. Dave Ferguson lebt das, was er schreibt, und es tut uns gut, von ihm und seinem Team zu lernen. Lasst uns gleich damit beginnen.
Friedhelm Holthuis, Leitender Pastor Christus Gemeinde Wuppertal, Vorstand des Bundes Freikirchlicher Pfingstgemeinden (BFP)

Dave Ferguson hat uns in Deutschland neue Hoffnung auf Gemeindewachstum vermittelt. Und das nicht durch einen neuen Trick, sondern durch eine alte biblische Wahrheit: Investiere dich in einen Menschen, und befähige ihn, anderen zu dienen. Hört man ihm zu, dann denkt man unwillkürlich: Das wird klappen! Das mache ich jetzt auch!
Matthias C. Wolff, Leitender Pastor der ELIM Kirche Hamburg, Leiter von Gemeinsam für Hamburg

Ich habe Dave als einen sehr guten Leiter und Kommunikator kennen und schätzen gelernt. Er hat einen reichen Schatz an Erfahrung für Leiterinnen und Leiter wachsender Gemeinden. Er hat uns gelehrt, was es heißt, eine Kirche mit mehr als drei Standorten zu werden, und uns beigebracht, welche Hausaufgaben wir machen müssen, um an dieser Wachstumsschwelle nicht zu scheitern. Ich wusste schon immer, wie wichtig Multiplikation ist; aber er hat mir gezeigt, wie es geht.
Steffen Beck, Leitender Pastor ICF Karlsruhe

Was Dave Ferguson auf der Bühne wie auch im persönlichen Gespräch ausstrahlt, ist ein starkes Standing in Gott und eine bedingungslose Liebe zu den Menschen. Menschen, die bislang nichts mit Gott am Hut hatten, werden von Dave nicht in die Ecke eines von Gott entfernten Sünders gestellt, sondern als Weggefährten verstanden, die wir auf ihrem Weg zurück zu Gott begleiten und fördern.
Matthias Jordan, Leitender Pastor Jesus Centrum Kassel

Dave Ferguson ist ein inspirierender Pastor und Coach, der im Bereich Leadership und Gemeindebau in Deutschland wichtige Impulse geben kann.
Tobias Teichen, Leitender Pastor ICF München, Netzwerkleiter ICF Deutschland

QUELLENANGABEN

1 Newport, Frank: „More than 9 in 10 Americans Continue to Believe in God", Gallup, 3. Juni 2011, www.gallup.com/poll/147887/americans-continue-believe-god.aspx.

2 Millman, Dan: *Der Pfad des friedvollen Kriegers*. Heyne Verlag, München 2013.

3 Jeremia 29,13-14, Hfa.

4 „Father Pleads for Kidnapped Utah Girl", CNN, 6. Juni 2002, http://edition.cnn.com/2002/US/06/05/utah.teenager/index.html?related.

5 Libaw, Oliver: „How Did Abductors Control Elizabeth Smart?". ABC News, 13. März 2003, http://abcnews.go.com/US/story?id=90754&page=1.

6 Jesaja 53,6, Hfa.

7 Drape, Joe: „With One Bet, Stabelhand Becomes Stable Owner". New York Times, 3. Mai 2013. http://www.nytimes.com/2013/05/04/sports/conor-murphys-big-bet-bankrolls-horse-training-career.html.

8 Pascal, Blaise: *Gedanken*. Anaconda Verlag, Köln 2011.

9 Jeremia 29,12-14, Hfa.

10 5. Mose 4,29, Hfa.

11 Sprüche 8,17, Hfa.

12 Jakobus 4,8, Hfa.

13 Lukas 19,10, Hfa.

14 *Scarface*. Regie: Brian De Palma, Universal Pictures 1983.

15 Lukas 15,11-12, NGÜ.

16 Lukas 15,13, NGÜ.

17 *The Victoria Advocate*, 20. Juni 1997, Section C,2.

18 Lukas 15,13, NGÜ.

19 Lukas 15,30, NGÜ.

20 Siehe 1. Mose 1,4+10+12+18+21+25+31.

21 1. Mose 2,18, Hfa.

22 1. Johannes 4,16, Hfa.

23 1. Johannes 4,10, Hfa.

24 Römer 5,5, NL.

25 *Marvins Töchter* (Originaltitel: Marvin's Room). Regie: Jerry Zaks, Scott Rubin Productions, Tribeca Productions und Marvin Productions, 1996.

26 McManus, Erwin Raphael: *Soul Cravings: An Exploration of the Human Spirit*. Thomas Nelson, Nashville 2008, Destiny, 1. Eintrag.

27 Jeremia 1,5, Hfa.

28 „Tom Brady Talks to Steve Kroft". *60 Minutes*, Juni 2005. www.cbsnews.com/news/transcript-tom-brady-part-3/.

29 Williams, Pat u. Jim Denney: *What Are You Living For?* Gospel Light, Ventura, Kalifornien 2008, S. 51.

30 Moshinsky, Ben: „Bank of America Intern's 5 A.M. E-Mail Before Death Worried Mom". Bloomberg, 22. November 2013, www.bloomberg.com/news/2013-11-22/bank-of-america-staff-quizzed-as-coroner-probes-intern-s-death.html.

31 Epheser 2,10, Hfa.

32 Buechner, Frederick: *Wunschdenken: ein religiöses* ABC. TVZ Theologischer Verlag, Zürich 2007.

33 Lukas 15,15-16, Hfa.

34 1. Mose 1,31, Hfa.

35 *Bruce Allmächtig*. Regie: Tom Shadyac, Spyglass Entertainment und Universal Pictures, 2003.

36 siehe Hiob 38-41.

37 Römer 8,20, Hfa.

38 1. Mose 3,13, GN.

39 Bonhoeffer, Dietrich: *Widerstand und Ergebung*. GTB Siebenstern, Gütersloh 1983, S.178.

40 Lukas 15,17, NGÜ.

41 Johannes 10,10, NGÜ.

42 Psalm 103,11-12, Hfa.

43 Hartman, Steve: „Secret Santa Inspires Heroin Addict to Clean Up". CBS Evening News, 16. Dezember 2011. cbsnews.com/news/secret-santa-inspires-heroin-addict-to-clean-up/.

44 Matthäus 25,42-43, Hfa.

45 Claiborne, Shane: *Ich muss verrückt sein, so zu leben*. Brunnen-Verlag, Gießen 2007.

46 Johannes 11,25-26, Hfa.

47 siehe Lukas 15,17.

48 Lukas 15,20, Hfa.

49 Manning, Brennan: *Alles aus Gnade*. Gerth Medien GmbH, Aßlar 2012, S. 100-101.

50 2. Korinther 7,10, NL.

51 LifePlan, Paterson Center. www.patersoncenter.com/lifeplan/paterson-lifeplan.html.

52 Lukas 15,17-18, NGÜ.

53 Lukas 15,18-20, Hfa.

54 „Willard Words", DallasWillard.org, www.dwillard.org/resources/WillardWords.asp.

55 Siehe Apostelgeschichte 3,20.

56 Nacherzählt aus Yancey, Philip: *Gnade ist nicht nur ein Wort*. SCM R. Brockhaus, Witten 2010.

57 Lukas 15,20, Hfa.

58 dto.

59 Lukas 15,21, Hfa.

60 Wagner, Kurt: „Revisiting the Agony and Resilience of Redmond's Barcelona Race", *Sports Illustrated*, 15. Juli 2013. www.si.com/olympics/2012/07/13/derek-redmond-2012-london-olympics.

61 McDowell, Josh: *Wer ist dieser Mensch?* SCM Hänssler, Holzgerlingen 2010.

62 Matthäus 1,23, Hfa.

63 Interfax-Religion, „Gagarin Never Said He Did Not See God in Space", 12. April 2006. www.interfax-religion.com/?act=news&div=1287.

64 Lewis, C. S.: „The Seeing Eye" in *Christian Reflections*. Eerdmans, Grand Rapids, Michigan 1967, S. 167-68.

65 Philipper 2,7-8, Hfa.

66 Dickens, Charles: *Eine Geschichte von zwei Städten*. Nikol Verlagsgesellschaft, Hamburg 2015.

67 siehe Jeremia 29,14.

68 2. Petrus 3,9, Hfa.

69 Johannes 14,6, Hfa.

70 Matthäus 4,19, Hfa.

71 Matthäus 10,32, Hfa.

72 Zitiert in Lee Strobel: *The Case for Faith: A Journalist Investigates the Toughest Objections for Christianity*. Zondervan, Grand Rapids 2000, S. 11 (dt.: *Glaube im Kreuzverhör: Ein Journalist hinterfragt das Christentum*. Gerth Medien, Asslar 2009).

73 Strobel: *The Case for Faith*, S. 17-18.

74 Augustinus: *Bekenntnisse*. Dtv Verlagsgesellschaft, München 1997.

75 Lukas 15,21, Hfa.

76 Lukas 15,22, NGÜ.

77 Lukas 15,23-24, Hfa.

78 Downing, Vicki-Ann: „Dick Hoyt, who runs marathons with his disabled son, impresses at Freshman Family Weekend". Providence College, 17. November 2013.

79 „About Team Hoyt". www.teamhoyt.com/about-team-hoyt.html.

80 siehe Römer 8,1.

81 siehe Römer 8,39.

82 siehe Galater 3,26.

83 siehe Epheser 1,3.

84 siehe Epheser 1,7.

85 siehe Epheser 2,6.

86 siehe Epheser 2,13.

87 siehe 1. Thessalonicher 4,16.

88 Lukas 15,6, Hfa.

89 Lukas 15,9, NGÜ.

90 Lukas 15,24,Hfa.

91 2. Korinther 5,17, Hfa.

92 Psalm 63,2-4+7-8, NL.

93 Psalm 63,3, NL.

94 Psalm 63,7, NL.

95 Hawkins, Greg L. und Cally Parkinson: REVEAL-Studie. Willow Creek Association, South Barrington 2007.

96 1. Samuel 3,10, NL.

97 zitiert in John Ortberg: *Jeder ist normal, bis du ihn kennenlernst*. Gerth Medien, Asslar 2004, S. 38-39.

98 Willard, Dallas: *The Divine Conspiracy: Rediscovering Our Hidden Life in God*. Harper Collins, New York 1998, S. 385-86.

99 „Expedia Trip A Day Giveaway – Find Your Spontaneity". www.youtube.com/watch?v=KI8LDZ9Kmgc.

100 Matthäus 18,20, Hfa.

101 Johannes 3,16, Hfa.

102 Matthäus 16,25, Hfa.

103 1. Mose 12,2-3, NL.

104 Russell, Mark: *The Missional Entrepreneur: Principles and Practices for Business as Mission*. New Hope Publishers, Birmingham, Alabama 2009, Kapitel 11.

105 Tadalan, Paul: „Chalk the Block Chicago".

106 Vivanco, Leonor: „Mysterial Inspirational Chalk Messages Pop Up Around Chicago". *RedEye*, 12. April 2012. http://articles.redeyechicago.com/2012-04-12/news/31332529_1_chalk-messages-pop.

107 2. Korinther 5,17-19, Hfa.

108 Hebräer 13,5, Hfa.

MIX
Papier aus verantwortungsvollen Quellen
FSC® C014496

Die amerikanische Originalausgabe ist im Verlag
Multnomah Books, Colorado Springs, CO 80921 erschienen
unter dem Titel „Finding Your Way Back To God".
This Translation is published by arrangement with Multnomah, an imprint of the
Crown Publishing Group, a division of Penguin Random House LLC

2. Auflage Oktober 2018
3. Auflage Januar 2019
Bestell-Nr. 817454
ISBN 978-3-95734-454-0

Umschlaggestaltung: Björn Steffens
Umschlagmotiv: Shutterstock
Satz: Vornehm Mediengestaltung GmbH, München
Druck und Verarbeitung: GGP Media GmbH, Pößneck
Printed in Germany

www.gerth.de